W0072510

Andreas Moldenhauer

Lausebengel

Andreas Moldenhauer

Lausebengel

*Aus dem Tagebuch
eines
Darßer Jungen*

SCHEUNEN-VERLAG

© **SCHEUNEN-VERLAG Kückenshagen 2002**

Texterfassung und Fotos: Andreas Moldenhauer
Layout, Typographie, Scans: Andreas Ciesielski
Titelbild: Karleberhard von Rendsburg nach einer Idee
          von Andreas Moldenhauer

Belichtungen, Druck und Bindung: art-druk, Szczecin

ISBN: 3-934301-66-5

Inhalt

VORWORT

Bücher werden geschrieben, um anderen Menschen etwas mitzuteilen. Große und kleine Bücher sind es, dicke und dünne, und natürlich auch solche, die man anderen Erdenbürgern widmet.

Ich widme dieses Buch meinen Eltern Linda und Martin Moldenhauer. Sie haben mich zu dem gemacht, der ich heute bin: Zu einem auf unserer schönen Halbinsel Darß fest verwurzelten Menschen.

Es gibt sicher nichts Wichtigeres für Heranwachsende, als feste Bezugspunkte und ein Stückweit Orientierung zur Bodenständigkeit, um den Kontakt zu Mutter Erde nicht zu verlieren.

Natürlich passierten auch bei uns viele Dinge wie vermutlich in anderen Familien auch. Kleine und große Katastrophen wechselten sich ab. Diese allerdings eingebettet in unsere Heimat am Meer...

A PUNKT M PUNKT AUS P PUNKT

Am Anfang steht ganz unbescheiden das Wort „Ich",
denn ich muß erzählen, wer ich bin.
Mein Leben begann in einem Jahr, in dem sich im fernen
Amerika hunderttausende von Jugendlichen auf einem
Feld trafen, um mit Blumen im Haar gemeinsam zu fei-
ern. Die ganze Welt war in Aufruhr, überall war der Geist
eines neuen Daseins, eines neuen Lebensgefühls, einer
neuen Zeit zu spüren.
Die Haare der jungen Männer waren genauso lang geworden wie die der Mädchen, und der Hauch der Erneu-
erung und des Aufbegehrens prägte eine ganze Genera-
tion.

Fernab von diesen großen weltpolitischen Umwälzungen
der 68-er hatte meine Mutter im kleinen Prerow auf dem
Darß ganz andere Sorgen und bereitete sich auf die Geburt ihres zweiten Kindes vor. Als Lehrerin für deutsche
und englische Sprache stand sie vor ihren Schülern in
immer enger werdenden Kleidern und plante die eigentliche Niederkunft für Anfang Juli. Doch alles passierte
etwas früher.

„Eine ganze Menge Arme und Beine sind zu tasten, Frau
Moldenhauer, doch ein Kopf ist nicht dabei. Wir würden
ihnen raten, in der Uniklinik in Rostock zu entbinden,
wer weiß, was da kommt...."
Beruhigende Worte an die Adresse meiner Mutter, zumal
aus dem Munde des behandelnden Gynäkologen!
In der Tat war der Stand der diagnostischen Möglichkeiten noch vor 30 Jahren auf dem Niveau der Steinzeit.

Was heute mit Ultraschallgeräten überwacht und dia-gnostiziert werden kann, wurde früher durch das blanke Vorhandensein eines hölzernen Horchtrichters wettge-macht. Sicher war die natürliche Art der Medizin in der damaligen Zeit nicht zu verachten, musste man sich doch noch nicht mit dem Zwiespalt von Genmanipula-tionen u.ä. herumschlagen. In meinem speziellen Fall al-lerdings hatte sie einen entscheidenden Nachteil: Ich war nicht allein, und keiner ahnte etwas davon!

Schon im Mutterleib musste ich mir mit meinem Zwilling Christian Platz und vor allen Dingen Verpflegung teilen, obwohl gerade das Teilen in meinen ersten Kindheits-jahren nicht zu meinen Stärken gehörte.

„So, so, noch einmal pressen und schooooon ist es da! Es ist, es ist....ein, ein, es ist ein Junge. - Sie haben einen Jungen, Frau Moldenhauer. Herzlichen Glückwunsch!", sagte der Arzt, nachdem er sich durch einen prüfenden Blick auf eine bestimmte Körperstelle von der Zuord-nung des neuen Erdenbürgers zur Autofraktion über-zeugt hatte. (Die Puppenfraktion ist genauso gut!)
Mutter war überglücklich, Tränen der Freude rannen über ihre Wangen, und sie glaubte, alles hinter sich zu haben.
„Bleiben sie ruhig noch ein bisschen liegen, Frau Mol-denhauer, da kommt noch einer hinterher!", machte eine Hebamme ihre Hoffnung nach Ruhe zunichte, und das gar nicht so dicke Ende sollte folgen.

Während dieser Sekunden kämpfte ich immer noch an der Tür zur Welt und war nach weiteren endlosen zehn Minuten auch zugegen.

„Donnerwetter! Noch ein Junge, das haben sie aber prima hingekriegt. Da ist der Papa bestimmt ganz stolz. Nein, ist das eine Überraschung. Damit war ja gar nicht

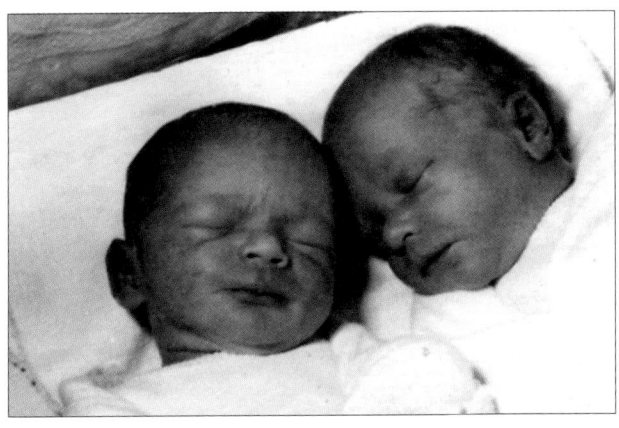

zu rechnen. Wie sollen sie denn heißen?"
Diese Frage konnte Mutter Linda nicht eindeutig beantworten. Sie hatte sich den Namen Andreas für ein neues männliches Familienmitglied zurechtgelegt und war, geprägt von Schmerzen und Aufregung der Geburt, schlichtweg mit einer weiteren Namensfindung überfordert.
„Also wissen sie, wenn sie mich fragen, ich finde Christian auch ganz schön!" flüsterte eine OP- Schwester von der Seite. Meine Mama hatte zwar nicht gefragt, nahm aber das solidarisch gut gemeinte Angebot spontan an und verpasste mir als Zweitgeborenem den Namen Christian.
Unterdessen hatten die um uns herum stehenden Ärzte ein ganz anderes Problem: Ich wollte nicht schreien, und so sehr sie mir auch Klapse auf den kleinen runzeligen Po gaben, ich behielt meinen Stolz und landete für diese ersten frühkindlichen Anzeichen meiner stark oppositionellen Veranlagung im Inkubator.

Stunden später saß Mutter Linda etwas schwächlich in ihrem Zimmer und äugte in die beiden vor ihr stehenden

fahrbaren Kinderbettchen hinein. Sie versuchte die schockhafte Überraschung, die ich ihr durch meine blanke Anwesenheit bereitet hatte, zu verdauen, und zweifelte gleichzeitig an der recht unkonventionellen Art der erfolgten Namensgebung. Mit den beiden Vornamen im eigentlichen hatte sie sich mittlerweile angefreundet. Unklar war ihr jedoch immer noch, ob sie diese auch richtig verteilt hatte. Irgendwann dann am frühen Morgen musste es passiert sein: Mutter Linda nahm einen dicken blauen Filzstift in die Hand, strich auf meiner Geburtskarte den eigentlichen Namen Christian durch und schrieb in großen Druckbuchstaben: A N D R E A S

Seit diesem Moment heiße ich Andreas Moldenhauer, geboren am 3. Juni 1968 um 0.30 Uhr, wohnhaft im Ostseebad Prerow.
Andreas M. aus P.!

PETRI HEIL!

Jeder richtige Junge angelt. Zumindestens hier bei uns auf dem Darß. Da unser lieber Vater aus einer Fischerfamilie in Vietzkerstrand in Hinterpommern stammt, verstand sich das Nacheifern für seine Jungs von selbst.

An langen Winterabenden, aber auch nach Feierabend im Kreise von Onkel Kurt, Onkel Siegfried, Onkel Karl, Onkel Horst....(ich hatte viele Onkel...) wurde in launiger Bieratmosphäre vom Leben in der alten Heimat Hinterpommern berichtet, vor allem aber immer viel gelacht. Und wir Jungs hörten gern mit langen Ohren und großen Augen zu. Hörten von den endlosen weißen Stränden, der harten Arbeit, vom schlichten aber zufriedenen Leben.

Dabei spielte sich die konspirative Zusammenkunft aller „Onkel" meistenteils in der alten Küche meines Großvaters Max ab. Mit den im hinterpommerschen Platt perfekt vorgetragenen Worten: „Nu wille wie recht `n Flasch Beir drinke" wurde dem Wunsch nach einer Flasche kühlen Hafenbräus Nachdruck verliehen.

Das Platt der Hinterpommern war immer wie Musik in meinen Ohren. Es unterscheidet sich vom vorpommerschen Dialekt durch seinen Klang, für mich „fühlte" es sich immer viel wärmer und vertrauter an. Oma Erna sagte in solchen Momenten meist zu mir: „Jung, set di hen un hüür tau, un wenn du grot büst, denn kaast du dat ok!" Damit drückte sie mit ihren einfachen Worten aus, dass man zwar alles lernen könne, es aber wichtiger sei, es auch zu leben.

Und sie lebte es! Ließ es sich im Anschluß an ihren Ausspruch nie nehmen, sich an den alten Heizkörper neben der Tür zu stellen, um zuzuhören, mitzulachen und manchmal eine Zigarre zu rauchen. Sie war an allen Neuigkeiten sehr interessiert...

Langsam versammelten sich alle, die das Tagewerk hinter sich gebracht hatten. Onkel Horst und Onkel Kurt arbeiteten zu dieser Zeit im Darßer Forst, wir bewunderten immer die grünen, oft durchgeschwitzten Uniformhemden mit den blanken Abzeichen auf den Schultern. Ich glaube, es war Eichenlaub. Der eine nannte zwei und der andere drei sein eigen, das hatte wohl etwas mit dem Dienstrang zu tun.
Irgendwann nach den ersten Schlucken ging die Küchentür auf und Onkel Karl trat herein. Ein kleinerer, etwas untersetzter Mann mit lichtem Haar, der eigentlich nicht mein richtiger Onkel, vielmehr aber der leibliche Cousin meines Vaters war. Er hatte meist Kremper an, lange Stiefel, die man durch einfaches umkrempeln auf Kniehöhe schrumpfen lassen konnte.
Sein breites Lächeln passte zu seiner Gestalt, er war eine Frohnatur und konnte sich förmlich ausschütten vor Lachen. Wenn er dies dann tat, blitzten die Goldzähne in seinem Munde. Für uns Kinder war er ein Seemann...

Meine ersten Erfahrungen mit der Angelei und Fischerei machte ich schon recht früh.
Alles begann damit, dass ich als Letztgeborener schon im zarten Alter von 6 Jahren reges Interesse zeigte, mit diesem unserem Onkel Karl in seinem Fischerboot die Weltmeere vor Prerow zu bereisen.

Das war gar nicht so einfach, zumal wir uns an der sogenannten Staatsgrenze See der Deutschen Demokrati-
schen Republik befanden.
Um nun die Fluchtgefahr für mich als 6-jährigen Jungen
einzugrenzen, war es von Nöten, dass Onkel Karl den
Kommandanten vom Armeehafen auf der Spitze Darßer
Ort anrief und ihm kundtat, dass ich ihn begleiten wolle.
Ehrlich gesagt wurde diesem Ansinnen oft mit Wohlwollen entsprochen.

Schon vor dem ersten Hahnenschrei öffnete sich mit lei-
sem Knarren die Tür von unserem Kinderzimmer unterm
Rohrdach, und Papa trat zu mir ans Bett. „Aufstehn, los
geht's..." waren seine kurzen und präzisen Worte.
Wie konnte er auch wissen, dass ich sowieso schon die
halbe Nacht lang wach lag und meiner ersten „Seefahrt"
entgegenfieberte. Für ihn war das normal, er war ja so
aufgewachsen und hatte mit seinem Cousin Karl ge-

meinsam in Hinterpommern so manchen Sturm auf See erlebt.

Papa war Frühaufsteher, man hörte ihn immer schon morgens um 5.00 Uhr unten beim Rasieren. Dabei machte er Geräusche wie ein Walroß, das die Luft aus seinen Lungen ins Wasser bläst. Zu dieser Zeit drehten wir Kinder uns für gewöhnlich noch mal auf die andere Seite.
Nicht aber an diesem Tag. Natürlich wollte Vater sich nicht blamieren, wollte nicht riskieren, dass sein Sohn ausgerechnet heute verschlief und damit seinem Cousin Grund zu spöttischen und spitzen Bemerkungen bei der nächsten Bierrunde bot.
„Flotti, flotti..." drang seine Stimme nach fünf vergangenen Minuten die Treppe hinauf, und wie der Wind war ich fertig, eilte hinab und schlang die dicke Leberwurststulle hinunter, die vorbereitet auf dem alten Zwiebelmusterteller lag.
Vielbedeutend nickte mein Vater und konnte sich den wohlgemeinten Hinweis: „Fall nicht aus dem Boot!" nicht verkneifen. Ich und aus dem Boot fallen! Lächerlich! Vielleicht hatte er Ähnliches in jungen Jahren erlebt, mir jedoch konnte so etwas nicht passieren.

In der Waschküche auf dem Hof standen meine Stiefel schon bereit, von Papa ausgeliehen. Fünf Nummern zu groß waren sie mindestens. Einiges davon wurde durch das Tragen von drei Paar dicken Socken ausgeglichen. Der Rest war „natürlicher Spielraum".
Nun noch schnell aufs Fahrrad und hinunter an den Strand, wo Onkel Karl schon auf mich wartete. Ich muß wohl mit meinen Riesenstiefeln ziemlich lustig ausgese-

hen haben, sah wieder das breite Lächeln in seinem Gesicht, das uns allen so vertraut war.

„Kum rinne!", rief er und bedeutete mir, in sein altes hellblaues Holzboot einzusteigen, das immer am Fischerstrand in der Prerower Bucht vor Anker lag. Er war gerade damit beschäftigt, den alten Dieselmotor in Gang zu bringen, der sich bei Vollgas anhörte wie eine Dampflok.

Der Morgen war still, und die Luft erfüllt vom Teergeruch des Bootes.

„Setz dich ruhig da vorne hin", schlug er mir vor, „du wirst dich schon zurecht finden."

Und ob ich mich zurecht fand! Ich kannte jeden Quadratzentimeter des Bootsinnenraumes. Gerade im Sommer waren wir Kinder immer zu den Fischerbooten geschwommen und hatten uns an der Ankerleine hochgezogen. Von oben hatten wir so manchen Kopfsprung ins tiefe Wasser gewagt. Wieder und wieder waren wir zwischen den sogenannten Zwecken, den fahnenartigen Markierungsstangen für das Ende einer Netzleine im Boot hin und her gesprungen und hatten in unserer

Phantasie Piraten und Seeungeheuer bekämpft.

Ich und mich zurechtfinden! Ich wusste ganz genau, wo die Ankerleine lag und dass im Deken abends immer noch Fische waren, die bis zum nächsten Morgen lebendig und somit frisch blieben. Onkel Karl hatte meinem Opa abends oft sein Leid geklagt:

„Max, hüüt wierès werre dor. Ick weit uck nich, wer dat ümmer is. Ick glöw, dat sünd Junges von hier!"

Bei diesen Worten wurde ich ganz klein und lenkte durch geschickte Gesprächsführung die Aufmerksamkeit auf Fußball, Blaubeeren sammeln und ähnliche bedeutende Themen. Man war ja schließlich nicht auf den Kopf gefallen.

„Wo sach dat werre ut, alles wier dörchnanner", machte mein Onkel noch einen letzten Versuch, seinem Unwillen Ausdruck zu verleihen. Dann jedoch stach mein Trumpf mit der Bemerkung über die vielen Pilze in diesem Jahr, und man wandte sich einem anderen Thema zu.

Natürlich kannte ich nicht nur sein Boot. Auch das Boot von Nachbar Opa Heini vom Spielkameraden Stefan oder das des kleinen Hans Meneikis gehörten zu unserem Revier, und auch aus diesen Richtungen hörten wir oft Äußerungen des Unverständnisses ob des durcheinandergewürfelten Fischereizubehörs.

Der Motor war inzwischen angesprungen, ich saß auf meiner Bank am Bug des Bootes, und um mich herum standen Kisten aus Holz, in die später die gefangenen Fische gelegt werden sollten. Auf dem Holz selbst glänzten noch die Schuppen vom letzten Fang.
Dorsch und Lachs hatten sich hier die Hand gereicht, und leise tuckernd fuhren wir der aufgehenden Sonne entgegen.
Auf das Gesicht meines Onkels fielen die ersten Sonnenstrahlen, und die Falten auf der Stirn und an den Augen sahen aus wie kleine Flussläufe, die miteinander verbunden sich zu einem Delta ausbildeten, welches sich auf eine große Fläche erstreckte. Wieviel schöne, aber auch schwere Stunden hatten sie geprägt.

Nach kurzer Fahrt in Richtung Osten bogen wir ab und steuerten Kurs Nord, um die ausgesetzten Aalketten zu erreichen, die reichen Fang versprachen.
Doch an diesem Morgen wurde nichts daraus. Die Bäume wachsen bekanntlich nicht in den Himmel und der Weg zum Ruhm ist eben steinig. Die Aalketten waren fast leer, nur wenige Meeresschlangen hatten sich in seine Falle verirrt.
Onkel Karl schaute etwas missmutig drein, was mich dazu veranlasste, eine Viertelstunde keine Fragen zu stellen, wie zum Beispiel: "Onkel Karl, wie groß war dein

größter Aal?" oder „Wieviele waren in deinem reichsten Fang?"

Nachdem das obligatorische Friedensviertel eingehalten war, fing ich wieder an, ihn mit seemännischen Fachfragen zu bombardieren, und er gab bereitwillig Auskunft. Erzählte mir, dass er den Aal nicht nur mit den Ketten fängt, sondern auch mit Schnüren. Das wäre eine lange Leine, an der im Abstand von ca. einem Meter jeweils ein Haken hängt, der mit Köderfisch versehen würde.
Den Tobs (Tobiasfisch) zum Ködern würde er besorgen. Auch erzählte er, dass im Theerbrennersee in der Nähe des Leuchtturms sehr viel Aal sein soll, man erzähle sich, er wäre randvoll damit...
Ich hatte genug gehört. Gleich nach Rückkehr ins elterliche Strohdachhaus setzte ich Papa unter Druck:
„Kannst du nicht Aalschnüre besorgen?! Wir können die doch selber auslegen mit unserem kleinen Gummiboot. Papa bitte, machst du das? Bitte, bitte...!"
In solchen diplomatisch höchst brisanten Situationen schüttelte unser geschätztes Familienoberhaupt unwillig den Kopf, schaute mir mit seinen blauen Augen, die er mir leider nicht vererbt hat, bohrend ins Gesicht und murmelte:
„Du und deine Einfälle! Wenn du dir was in deinen kleinen dicken Kopf setzt. Und überhaupt: Es kann nicht immer alles in zwei Minuten passieren! Immer nur Dallerei! Ich in deinem Alter musste schon dies und das machen! Mit zehn Jahren konnten wir nicht den ganzen Tag rumspielen..."

Das war wieder typisch für ihn! Immer, wenn er etwas an uns auszusetzen hatte, machte er uns älter! Ich war nicht zehn sondern sechs! Diese Art der psychologischen Kriegsführung hat er bis zu unserem Erwachsensein beibehalten. Mit zwölf Jahren wurde ich als 18-jähriger und somit volljährig tituliert. Mit 15 war ich 23. Schließlich tat er am Ende doch, was ich wollte, und erbat sich eine Schnur mit 500 Haken von seinem Cousin.

Eine Woche später war es dann soweit, es ging in Richtung Westküste zum Theerbrennersee. Papa Martin hatte seinen alten „Star" aus dem Schuppen geschoben, der mit seinen drei Gängen zu dieser Zeit ein recht modernes Fortbewegungsmittel, sprich Moped war.
Ich saß hinten drauf und hatte meine liebe Mühe, mit der einen Hand das Schlauchboot und die Haken und mit der anderen Hand mich selbst an Papas Bauch festzuhalten.
„Hältst Du noch durch?", wurde ich gefragt, als wir gerade wieder beim Überfahren einer Wurzel knapp einem Salto entkommen waren. Natürlich, dachte ich, erst muß das Kind in den Brunnen fallen.
Ich biß die Zähne zusammen und schwieg. Wenn er am Weststrand alleine ankäme, würde er schon merken, dass ich fehlte. Zum Glück ging alles gut!

Das Schilf um den Theerbrennersee war in diesem Jahr sehr dicht gewachsen. Mit Mühe fanden wir eine Stelle, an der wir an das offene Wasser kamen, ohne uns die Stiefel vollzufüllen. Alles war vorbereitet, das Schlauchboot unter Aufbietung der letzten Lungenkräfte aufgeblasen (Heute nimmt man dafür eine Pumpe...). Jetzt nahm die fachliche Einweisung seinen Lauf:
„Hör zu, Andi, du gehst ins Boot. Ein Paddel haben wir nicht, dafür hast du deine Hände. Stell dich nicht zu

dumm an. Es wird schon klappen!"

Bei diesen Worten nestelte mein Vater verlegen mit seinen knochigen Händen an der Jackentasche, die von zahlreichen Bernsteinfunden recht ausgebeult erschien.

„Wenn irgendwas schief geht, dann meldest du dich, hörst du?"

Was sollte schief gehen? Es gab keine Wellen, der Tag war ruhig und der See lag vor uns wie ein großer Spiegel. Außerdem waren keine Eisberge in Sicht. Warum also wankelmütig werden?

Papa tüterte das Ende der Aalschnur an mein Kinderschlauchboot, setzte den ersten Tobsbestich auf den Haken, und gebot:

" Volle Kraft voraus!"

Ich ruderte mit meinen Händen wie ein Schaufelraddampfer und erreichte eine Geschwindigkeit, die es meinem Vater schwer machte, von Land aus die nun wegziehenden Aalschnüre mit Ködern zu versehen.

Aber ich war nicht kleinlich, hatte die rücksichtslose Fahrweise auf der Hinfahrt schon vergessen und passte die Bootsgeschwindigkeit der Arbeitsleistung meines Vaters an.

Die Sonne schien durch die Wipfel der alten Kiefern am See, welche sich vor dem Winde fliehend in eigenartiger Form herausgebildet haben, die ihnen den Namen „Windflüchter" eingebracht hatten.

Die Vögel zwitscherten fröhlich und die Möwen am hohen blauen Himmel ließen mich fühlen wie ein Kapitän. Es war ein ruhiger und beschaulicher Septembermorgen.

Unter diesen schönen Eindrücken war ich bis auf die Mitte des Sees vorgedrungen, wohl ungefähr 250 Meter vom Ufer entfernt. Genauso viele Tobse zappelten schon als Köder im Wasser und sollten uns reiche Beute bringen.

Auf einmal ging es nicht mehr weiter. So sehr ich auch mit meinen kleinen Kinderhänden versuchte, das Boot fortzubewegen, wir standen fest. Das Schlimmste war jedoch: Ich wusste nicht warum, und guter Rat war ausgesprochen teuer.

Sandbänke gab es hier nicht und die Leine – ich zog daran – war doch eigentlich frei. Jedoch weit gefehlt! Mit starkem Zischen bohrte sich der Angelhaken in die Bootswand. Er hatte sich am Anfang meiner Kreuzfahrt am Boot verhakt und war nun durch mein vorwitziges Ziehen zu einem Dolch geworden, der die Ruhe und Beschaulichkeit der vorherigen Situation schlagartig auflöste!

„Hilfe!!!", schrie ich. „Hilfe, ich geh unter!", hallte mein verzweifelter Ruf durch die morgendliche Stille, und alle Vögel, die vorher noch fröhlich zwitscherten, fingen an zu lamentieren und zu schimpfen und bildeten damit eine gar hektisch schaurige Kulisse. Kleine Luftblasen drückten zu Tausenden aus dem Leck des Bootes und blubberten brodelnd im schmutzig dunklen Wasser des Sees, das keinen Grund erkennen ließ.

Aufgeschreckt durch so viel Spektakel unterbrach mein Vater sein grausiges Werk des Aufspießens der Köderfische.

Er brauchte eine Weile, um den Ernst der Situation zu erkennen. Zu dieser Zeit konnte ich zwar schon schwimmen, jedoch nur zehn Meter weit, und das Ufer schien endlos weit entfernt.

„Halt dich fest!", befahl Papa mehr schreiend als rufend, „halt dich fest!" Bei diesen Worten fing er an, die am Boot vertäute Aalschnur mitsamt den Köderfischen aus dem Wasser zu ziehen. Wieder und wieder zog er kräftig, die so an Land gelangten Angelhaken gaben ihre Köder preis, die zu Hunderten im Wasser und an der Kleidung meines Vaters niedergin-

Papa Martin und seine beiden Jungen Christian und Andreas

gen. Gleichzeitig hob sich das Heck meines Gummibootes aus dem Wasser heraus, und wir glitten einem Torpedoboot gleich über den See.

Mit letzter Kraft zog mein Vater mich an Land und brachte auch das Schlauchboot heraus, das auf der Mitte des Sees noch recht prall gefüllt nun einer ausgelutschten Zitrone glich.

„Dat wier knapp!", war der kurze väterliche Kommentar, und mein Papa fing an, in aller Seelenruhe die Schnüre zu ordnen. Vor noch zwei Minuten schwebte sein jüngster Sohn in höchster Lebensgefahr und nun das! Empörend!

Mutter tröstete mich zu Hause und erklärte mit blumigen Worten, dass Vater nicht immer sagt, was er fühlt. Damals stark enttäuscht weiß ich heute, dass sie Recht hatte.

Meinen ersten Hecht fing ich erst mit acht Jahren, und dies beim Anangeln im Prerowstrom. Genau genommen fing nicht ich ihn sondern mein Schulfreund Dirk, der zwei Jahre älter war.

Ich saß mit voller Ausrüstung, die ich mir vom Blaubeersammelgeld gekauft hatte, auf meinem Klappsessel im Morast und ärgerte mich schwarz. Genau neben mir hatte Dirk seine alte Holzroute ausgeworfen. Ohne Kurbel und Zubehör, hatte einfach nur eine olle Pose und einen rostigen Haken angebunden. Und er fing und fing und fing...

Ein Plötz nach dem anderen landete in seinem Setzkescher, bei mir jedoch war Ebbe. So ging das eine ganze Weile, und ich wurde immer missmutiger.

Der nun folgende Fang jedoch schlug dem Faß den Boden aus. War doch ein Plötz auf seinen Haken gegangen und gleich danach ein Hecht auf den Plötz.

Beide zappelten nun bei ihm an Land, und ich beschloß, etwas zu unternehmen.

In meiner rechten Hosentasche fühlte ich nach dem 5-Mark-Stück, das mir Opa für Eis, Brause und Bockwurst beim Anangeln in die Tasche gesteckt hatte. Meine Faust umschloß siegessicher die Münze, und lächelnd ging ich auf Dirk zu.

Ich verwickelte ihn in ein belangloses Gespräch, an dessen Ende ich die 5 Mark für den Hecht bot. Wir wurden schnell einig und hatten beide etwas davon:

Ich erntete unendlichen Ruhm bei meiner Rückkehr ins Elternhaus, er bekam für die 5 Mark zwei Schachteln alte Juwel in der Kaufhalle.

Dieser fröhliche Angelwettkampf nahm jedoch noch ein ernstes Ende.

Lothar R. und Manfred L., zwei lebenslustige Junggesellen aus Prerow, hatten ihren Fang zusammengemogelt und dadurch den dritten Preis, 20 Mark, gewonnen. Einer von ihnen war gleich nach der Siegerehrung in die Kaufhalle geeilt und hatte den Preis in Bier und Schnaps umgesetzt, welcher auf der kleinen Halbinsel im Prerowstrom, auf der sie angelten, verkonsumiert wurde.

Da die Sonne sehr hoch stand und die Flaschen sehr schnell leer wurden, verloren die beiden augenscheinlich die Orientierung. Nur mit großer Mühe gelang es, ihnen den Weg von dem Inselvorsprung zu weisen und sie damit in Sicherheit zu bringen.

Seit dieser Zeit gibt es beim Anangeln in Prerow keine Geldpreise mehr, sondern nur noch Sachspenden wie Angelrollen, Setzkescher und ähnliche nützliche Dinge...

SPORT FREI!

„Die Ertüchtigung des jugendlichen Körpers trägt bei zum allgemeinen Wohlbefinden!"
Löbliche Worte, deren Vorsatzcharakter auch wir uns nicht entziehen konnten.

Schon von frühester Kinheit an wurden wir dazu animiert, nicht Tage und Nächte vor dem alten, zwei Zentner schweren Farbfernsehgerät Color 20 zu hocken, sondern lieber in der freien Natur, im Wald und am Strande allerlei nützliche und unnütze Dinge zu tun.
Dabei kam unserem Vater Martin die Rolle des Spießes zu, der seine kindlichen Rekruten erbarmungslos schliff.
Kaum waren die Stützräder von unseren kleinen Kinderfahrrädern abgeschraubt, wurden wir für erwachsen erklärt und dazu verdonnert, die 4,5 km lange Strecke an die urwüchsige Westküste unserer Heimatinsel Darß bei geplanten Familienausflügen selbst zurückzulegen.

„Ihr müsst euch mal richtig fordern!" lautete der befehlsartige Hinweis meines Erzeugers, und der Tonfall seiner Stimme duldete keinen Widerspruch.
Zwillingsbruder Christian tat meist, wie ihm geheißen, und bereitwillig quälte er sich und sein Fahrrad durch den tiefen Sand des Weges, der mir endlos erschien.
Die Schweißperlen tropften ihm von Stirn und Nase, doch ihm war der Wille eines Siegers und ein Stück weit Grausamkeit gegen sich selbst in die Wiege gelegt und somit angeboren.

Zwei kleine Rennfahrer, hier noch mit Stützrädern, die alle Strassen unsicher machten.

Bei mir war das irgendwie anders. Ich stellte mir immer wieder die gefährlichste aller Fragen: Warum???

Welchen Sinn sollte es haben, einen derart anstrengenden Ritt auf sich zu nehmen, nur um an den Weststrand zu kommen? Außerdem war mir aus der Vorzeit der Stützräder eine wesentlich bequemere Möglichkeit der Fortbewegung in Erinnerung: Vorn auf der Fahrradstange hinter dem Lenker meines Vaters!

Zu dieser Einsicht gelangt, gab ich unolympisch auf. Ich schmiß mein Rad in den Sand, setzte mich an den Wegesrand und heulte vor Wut, weil ich merkte, dass Mutter und Vater ihre Erziehungsmethoden durchsetzen wollten und einfach weiterfuhren. Mit den Worten:

„Na, ausgebockt?" wurde ich später wieder aufgelesen, die ängstlichen Gedanken jedoch dort auf dem Waldweg, mutterseelenallein im finsteren Forst, wurden zum Startpunkt meiner sportlichen Karriere.

Fortan versuchte ich immer, mit meinem 20-er Fahrrad schneller zu sein als Papa mit seinem 28-er, und der Weg zum Strand war nur noch halb so lang.

Mit dem Eintritt ins Schulalter taten sich für uns Zwillinge im Punkto Sport ganz neue Möglichkeiten auf. Führten wir unsere Wettkämpfe im Ausdauerlauf auf dem von Millionen von Mücken gesäumten alten Leuchtturmweg vorher vornehmlich gegen uns selbst, bekamen wir jetzt ganz andere, ungeahnte Gegner. Wir weiteten schlagartig unsere Aktivitäten auf Schwimmen, Leichtathletik, Fußball und Volleyball aus und brauchten dazu nicht sonderlich motiviert zu werden.

Herr Schumann, der allseits geliebte Sportlehrer unserer Schule, nahm uns in den Kreis der von ihm auch nach dem Unterricht trainierten Sportskanonen auf, und fortan waren wir jeden Nachmittag auf Achse, maßen uns mit Mitschülern und waren mit Lust und Eifer am Werke; ohne jeden Argwohn.

Dabei war die ganze Sache nicht ganz ungefährlich.

„Lauf, Stefan, schneller, und richtig abspringen!" rief Herr Schumann, den wir insgeheim auch Schumi nannten, einem unserer Mitstreiter zu, als dieser sich auf die Weitsprunggrube zubewegte. „Jaaa, sooo, und die Beine schöön nach vorne! Prima!"

Von wegen prima! Stefan S. hatte die Worte unseres Sportlehrers zu ernst genommen, er sprang mit voller

Kraft ab, warf die Beine und die Arme nach vorne und vergaß dabei, dass er Spikes mit 15-er Nägeln an den Füßen hatte. Zwei dieser Nägel bohrten sich in seinen rechten Unterarm neben der Schlagader und rissen ihn auf. Die Weitsprunggrube war innerhalb von wenigen Augenblicken rot...

Ein anderes Mal motivierte er meinen Cousin Steffen, den Sohn von Onkel Kurt, sich bei Hammerwerfen doch ein bisschen schneller zu drehen, um Geschwindigkeit für den Wurf zu erzeugen. Alle Beteiligten hatten aus dem Auge verloren, dass sich gleichzeitig eine andere Trainingsgruppe mit dem 3000 Meter-Lauf befasste. Nun hatten wir damals noch keine Auffangvorrichtungen für orientierungslose Wurfgeräte...

Der aufmerksame Leser wird erahnen, was passierte. Wie ein Brummkreisel drehte sich Steffen im Wurfkreis und schleuderte den Hammer schließlich und endlich in eine Richtung, die uns alle zu Stein erstarren ließ. Wie in Zeitlupe sahen wir das Geschoß durch die Luft fliegen. Die rostige Kugel und das daran befestigte schwarze Stahlseil hoben sich schön vom hellblauen Nachmittagshimmel ab, senkten sich in einer ballistischen Kurve und streckten den langen Harry, welcher sich gerade auf der letzten Runde seines Laufes befand, durch einen dumpfen Schlag ins Kreuz nieder.

Sofort eingeleitete Rettungsmaßnahmen fruchteten, Harry stand nach 5 Minuten wieder auf und lief weiter...

Eben diesem Harry passierte auch eine ganz unangenehm schmerzhafte Geschichte beim Stabhochsprung. Die Latte lag auf 3,60 m, als Harry anlief, um den Schulrekord zu brechen.

Hüftaufschwung mit doppelter Schraube an der Hollywoodschaukel

Ich weiß nicht mehr, ob es bei ihm Angst oder Vorsicht war, auf jeden Fall lief er recht flott an, stoppte jedoch vor der Sprunganlage etwas ab und bekam deshalb nicht den richtigen Schwung, um die Latte sicher zu überqueren. Da er aber sein Rekordziel noch nicht aufgegeben hatte, versuchte er mit aller Macht, den Sprung zu Ende zu führen.

Oben auf dem Scheitelpunkt seiner Sprungbahn jedoch blieb der Stab senkrecht stehen.
Harry hing mit großen angsterfüllten Augen in der Luft und wusste nicht recht, was er tun sollte. Sekunden wurden zu Stunden, uns allen tat er in seiner hoffnungslosen Situation mächtig leid.

Letztendlich forderte jedoch die Schwerkraft ihren Tribut, und er knallte mit dem Rücken auf den gusseisernen Fuß des Ständers der Hochsprunganlage.
Nach kurzem, bewusstlosigkeitsähnlichem Zustand war er wieder einsatzfähig.

Sportlehrer Schumi hatte bei allen Vorzügen eine ganz unangenehme Angewohnheit:
Wenn er uns im Sportunterricht zu Mannschaften aufteilte, um Fußball zu spielen, war er Schiedsrichter und gegnerisches Mannschaftsmitglied in einer Person. Das konnte nicht gut gehen!
Bei all dem Ehrgeiz, der uns, aber auch ihn immer auszeichnete, kam es im Spielverlauf zu ruppigen Aktionen, die er als Schiedsrichter immer gegen uns entschied, um seiner eigenen Mannschaft zu dienen.
Mehrfach sah er von uns dabei über die Schranke des Respektes hinweg die blanke Zunge... Wenn ich ihm diese dann entgegenstreckte, runzelte er die Stirn und ließ das Spiel mit den Worten „Springer läuft" fortfahren.
Er hatte ganz festgeschriebene Ausdrucksweisen, alle Mädchen hießen bei ihm Jette, und das „Springer läuft" hörte ich wohl tausend Mal in den unterschiedlichsten Situationen.

Trotz aller schlechter Schiedsrichterleistungen jedoch war er ein Lehrer, für den wir durchs Feuer gingen. Ich hätte mir nie verziehen, wenn ihn mein Speer, den ich eines schönen Trainingstages abwarf, getroffen hätte. Zum Glück strich er wenige Zentimeter an seiner rechten Schulter vorbei. Schumi drehte sich wortlos zu mir um und maß die Weite...

Einmal im Monat chauffierte uns der Bus in die Bezirksstadt Rostock in die berühmte Neptun-Schwimmhalle. Wir hätten sicher nicht mit daringesessen, wenn nicht unsere Mitschülerin Anja Bergmann eines Tages dreimal hintereinander an unser Haustür geklingelt hätte.
Gerade von der Schule zurückgekehrt und über einem Berg von zu korrigierenden Aufsätzen schwitzend, öffnete unsere Mutter und kam nicht zu Wort:
„Guten Tag, Frau Moldenhauer. Wir üben in Wieck am Bodden jeden Tag das Schwimmen. Ich habe ihre Jungs neulich hier in Prerow am Strand beobachtet. Sie würden doch sicher Freude daran haben, mit uns zu trainieren. Wenn die Sommerferien um sind, dann fahren wir auch immer mit dem Bus nach Rostock in die Halle."
„Natürlich Anja! Ich rede gleich heute Abend mit Christian und Andreas!"
Mutter schloß die Tür von innen, und unser Schicksal war besiegelt.
Gleich am nächsten Tag begannen wir mit unserer Schwimmausbildung in Wieck, legten innerhalb weniger Tage die ersten Schwimmstufen ab und wurden für den Kader von „SC Einheit Prerow" nominiert.

Die heimischen Boddengewässer waren mir vertraut. Hier hatten wir größtenteils Grund unter den Füßen. In der Schwimmhalle jedoch erblickte ich zum ersten Mal blaues Wasser. Es schien auch sehr tief zu sein und erregte meinen Argwohn:
Jeder ausgebildete Serienschauspieler hätte die akute Blinddarmreizung, die ich vortäuschte, nicht besser spielen können, in deren Ergebnis ich das erste Training in Rostock von der Bank aus beobachten durfte.

Beim zweiten Mal überwand ich dann meine Angst: Ich sprang ins Wasser und kraulte wie ein Weltmeister los, durchpflügte das blaue Naß in der Manier eines Profis. Die erste Wende nach der halben Bahn glückte, und ich schwamm froh und glücklich mit dem Kopf zuerst auf den Startblock zu. Dabei übersah ich, dass mein Schwimmkumpel Frank einen Rückenstart fabrizierte. Er drückte sich mit aller Macht mit dem Rücken zuerst vom Startblock ab und landete mit den Schultern genau auf meiner Nase.

Blutüberströmt fischten mich zwei „Große" auf und stellten mich unter die Dusche. Auch diesmal währte also das Training nicht allzu lange.

Anfang Juni trafen sich die sportbegeisterten Kinder aller Schulen des Kreises zur Kreis- Kinder- und Jugendspartakiade.
Hier war unser Sportlehrer Herr Schumann auch sehr aktiv und betätigte sich als Kampfrichter und Startordner bei der Anmeldung.
In letzterer Funktion hatte er einen genauen Überblick über alle bei den einzelnen Disziplinen gemeldeten Teilnehmer. Da er nicht nur seinen Zöglingen sondern auch dem Ruf unserer Schule verpflichtet war, meldete er uns kurzerhand zu minderbesetzten Disziplinen mit an.

So kam es vor, dass der kleinste und dünnste im Team eine Bronzemedaille im Kugelstoßen gewann, weil vor ihm nur zwei Teilnehmer gemeldet hatten und unser Schumi ihn sinnvoll ergänzte. Bei all dieser Hektik und Anmelderei konnte es passieren, dass auf unserem Wettkampfzettel um 9.00 Uhr ein 5000m-Lauf stand, dem um 10.00 Uhr der Hochsprung folgte, ergänzt durch das 400m-Finale 30 Minuten später.

Im Ergebnis aller Disziplinen war die Schule des Ostseebades Prerow immer auf Platz eins. Nicht zuletzt auch durch die Übersicht unseres Sportlehrers.

Schon als ABC-Schütze holte mein Bruder die erste Silbermedaille im Weitsprung. Nie werde ich meine Niedergeschlagenheit vergessen, als er, gerade mit dem Omnibus aus der Kreisstadt Ribnitz zurückgekehrt, auf unseren Hof schlenderte und voller Stolz das blanke Edelmetall vorwies.

Er wurde mit Glückwünschen und Respektbekundungen durch alle Familienmitglieder geradezu überhäuft, und sein Ruhm wäre sicher nur zu übertreffen gewesen, wenn ich ganz allein die Fußball-Weltmeisterschaft gegen Brasilien gewonnen hätte.

Am Ende unserer Schulzeit nannten wir beide zusammen über hundert Medaillen unser eigen, goldene, silberne und bronzene. Gewonnen beim Schwimmen, in der Leichtathletik, beim Volleyball...

Die erste silberne meines Bruders jedoch war und blieb die Wertvollste.

UND IMMER WIEDER DER BERNSTEIN

Bernstein, Brennstein, Glücksstein – für das Gold der Ostsee gibt es viele Namen. Sagenumwobene Geschichten erzählen von ganzen Zimmern aus Bernstein, der Mythos großen Reichtums durch den Schatz des Baltischen Meeres ist ungebrochen.
Wenn es aber einen Ort auf der Welt gab, der dem berühmten Bernsteinzimmer in St. Petersburg in nichts nachstand, so war dies für uns Kinder immer unser eigenes Zuhause im alten Darßer Schifferhaus mit der bunten geschnitzten Haustür.

Der Sturm heulte um das Haus, kroch in jeden Winkel und gleich Sirenen zwängten sich die Orkanböen durch Ritzen und durch Spalten des Dachstuhles, den unser Vater selbst geschlagen hatte.
In Ermangelung von Baumaterial war er damals zum Förster gefahren.
„Na Martin, wat wist du nu all werre?" wurde er lächelnd begrüßt und Minuten später suchten beide gemeinsam Bäume aus, welche Onkel Kurt mit seiner Motorsäge fällte.
Wieviel Mühe es aber machte, aus diesen Stämmen funktionsfähige Kanthölzer zu schneiden, kann heute kaum noch jemand nachvollziehen.

Der Umbau war nötig geworden, weil wir Zwillinge den bisher zur Verfügung stehenden Platz ziemlich einengten.
Das Rohr für das Dach wurde im Winter „gemacht". Onkel Siegfried und Papa waren auf den vereisten Seen an

Zu Hause unterm Rohrdach...

der Spitze Darßer Ort unterwegs und schnitten viele
Bunde zusammen, die aufgestapelt zu Rohrmieten bis
zum eigentlichen Umbau in unserem Garten warteten.
Später sollte aus ihnen ein schönes Schilfdach werden,
und unter diesem lagen wir nun und lauschten den Na-
turgewalten.

Kurz vor 14.00 Uhr war die Stromversorgung zusam-
mengebrochen und hatte sich bis zum Abend nicht reparieren lassen. Mutter hatte im ganzen Haus Kerzen angezündet und uns im Wohnzimmer neben dem prasseln-
den Kamin mit allerlei Leckereien zum Abendbrot ver-
sorgt. Hier wurden auch die Taschenlampen auspro-
biert, deren Batterien getestet. Der Sturm kam von Nord-
Nordost und es sollte Bernstein geben...

Über Nacht hatten sich die Unbilden des Wetters beruhigt, der Wind war abgeflaut. Unser Vater hatte sich mehrfach am Strand über die von ihm sogenannte „Situation" informiert, und noch vor dem ersten Hahnenschrei fuhren wir alle auf unseren Fahrrädern vom Hof. Vater natürlich vorweg, wollte er uns doch stets beweisen, dass er, wenn auch 30 Jahre älter, im Sprint und in der Ausdauer nicht zu schlagen war.

Zur optimalen Ausrüstung eines jeden Bernsteinsammlers gehören lange Stiefel, eine Taschenlampe, ein Kescher und ein Apfel. Letzterer zur Unterdrückung des Hungergefühls „wenn's mal wieder länger dauerte!"
Und es dauerte oft länger. An manchen Tagen ging Vater noch vor dem Morgen aus dem Haus und kehrte erst spät am Abend wieder. „Tienchen, wo warst du denn solange?" wurde er dann bei seiner Rückkehr oft begrüßt. Unsere Mutter wusste natürlich genau, wo ihr Gatte den Tag verbracht hatte, und freute sich mit uns gemeinsam über den oft sehr reichen Fund. Auch heute sollte es wieder lange dauern...

Kaum hatten wir die Dünenzüge des Fischerstrandes erreicht, begann mein Vater, seinem Familienruf als großer Stratege gerecht zu werden und teilte uns von seinem Fahrradsattel aus gleich Napoleon auf die einzelnen Strandabschnitte ein.
„Kleiner", so nennt er immer liebevoll unsere Mutter, „Kleiner, ich glaube, du fährst erst einmal in Richtung Zingst. Die Strömung geht so leise unter Land, und wenn Fritz nachher aus dieser Richtung kommt, dann haben wir schon einmal drübergeguckt."

Mutter hatte keine Wahl und führte den Befehl des Vorgesetzten aus.

„Der Schwarze und der Dicke", so seine schmeichelhaften Spitznamen für uns Jungs, "beschäftigen sich hier am Nordstrand in der Bucht. Ich selbst werde mit Kathrin an den Weststrand fahren. Der Wind flaut aus Südoooost ab, und wer weiß. Irgendwie ist mir so, als wenn da auch noch was kommt!"

Keiner wagte zu widersprechen, denn der Erfolg der Familie stand und steht bei uns immer vor dem Ruhm des Einzelnen. Überhaupt war für uns alle nicht wichtig, welchen materiellen Gegenwert unsere Funde hatten. Viel wichtiger war uns immer das Jagdfieber.

In seiner Funktion als Oberkommandierender war mein Vater unschlagbar. Wie auf einer Karte hatte er das gesamte Strandgebiet in seinem Kopf in Planquadrate eingeteilt und führte mit geschickten Schachzügen manch Bernsteinkonkurrenten in die Irre. Fuhr er selbst in Richtung Darßspitze, hefteten sich alsbald einige Zweifler an seine Fersen, die sicher insgeheim dachten: „Wenn Martin schon dahinfährt, dann muß da auch was sein!" Nun frei von jeglicher Gegnerschaft sammelte meine Mutter in aller Seelenruhe hinter allen hinterher und kehrte siegreich an den heimischen Herd zurück.

Machmal vertauschte Vater auch die Rollen in diesem Planspiel, und die Verwirrung war perfekt. Unser großer Trumpf war und blieb die personelle Überlegenheit.

Langsam fanden sich alle Größen der Prerower Sammlergilde ein. Überall blitzten die hellen Lichtkegel der Suchenden am Strand, und Glühwürmchen gleich hüpften sie in der Ferne hin und her.

Gerade im Dunklen waren somit mögliche Konkurrenten gut auszumachen. Wer war sonst schon so früh hier! Noch dazu mit Beleuchtung! Mutter hatte sich in die ihr vorbestimmte Richtung aufgemacht und still und heimlich schon in der ersten Stunde einen kleinen Schatz in ihre Taschen befördert.

Bei uns Jungen selbst war neben vielen anderen Cousin Knuth angekommen und schickte sich an, so wie wir den Tag mit der Jagd nach dem Gold der Ostsee zu verbringen. Er lief neben mir am Wellenschlag, und wir unterhielten uns so ganz nebenbei über wichtige Dinge:

"Hansa hat ja letzte Woche verloren, stehen jetzt wieder auf dem 9.Platz! Hoffentlich steigen sie dieses Jahr nicht ab!"

Bei diesen letzten Worten erblickte ich ca. 2 m von uns entfernt ein großes Stück Bernstein, für das es sich lohnte, einen Streit anzufangen.

Knuth war näher dran und musste es ebenso jeden Moment erblicken. Mit einem olympiareifen Sprung katapultierte ich mich in Richtung des begehrten Edelsteines, um auch ja der Erste zu sein.

Dabei nahm ich billigend in Kauf, dass mein Verwandter, wenn er auch zugreifen wollte, meine „Flugbahn" kreuzte und war somit auf Abwehrmaßnahmen eingerichtet.

Knuth prallte von mir ab und landete bis über die Knie im Wasser. Ich allerdings hielt eine honigfarbene Trophäe in der Hand, die bei späterer Vermessung 55 g auf die Waage brachte. Welch ein Stolz wohnte nun in meiner kleinen Brust, wenn der Kampf selbst auch nur mit Haken und Ösen und unter Einsatz unfairer Mittel zum Erfolg führte. Manchmal musste dies eben sein!

Überhaupt waren die Wege, die für uns nicht nach Rom, sondern zum Bernstein führten, recht unterschiedlich, und wir schreckten auch vor blankem Betrug nicht zurück.

Einmal waren Onkel Siegfried und Papa Martin den ganzen Tag an der Westküste auf und ab gelaufen und hatten einen großen Haufen der begehrten schönen Steine zusammengeklaubt.

Es gab an diesem Tage so viel, dass sie sich schlichtweg entschlossen, zusammen in eine Wollmütze als Gefäß zu sammeln und hinterher zu teilen.

Der große Haufen lag nun bei uns zu Hause im Wohnzimmer auf dem Tisch, und die beiden Männer besprachen beim Bier die Formalitäten der bevorstehenden „Gütertrennung". Dabei wurden zwei etwa gleich große Bernsteinhaufen gebildet und das Los sollte entscheiden, wer welchen der beiden Anteile erhielt.

Wir Kinder spielten gerade nebenbei Roulette und Onkel Siegfried sagte:

„Na Andi, nun nimm mal einen Chip in die Hand und wir losen. Wer den Chip zieht, darf sich seinen Anteil zuerst aussuchen!"

Bei diesen Worten beobachtete ich meinen Vater Martin, sah seine Augen immer nur in die eine Richtung schwenken, so, als wollten sie sagen:

„Der linke, Andi, der linke Haufen muß hierbleiben!!!"

Auf dieser Seite lag ein wunderschönes dunkelrotes Stück obenauf, welches meinem väterlichen Sammlervorbild sichtlich ans Herz gewachsen war. Aber auch Onkel Siegfried schien darauf bedacht, sich diesen Anteil zu sichern.

Kurzerhand nahm ich statt einem zwei Chips in jeweils eine Hand, verschränkte die Arme auf dem Rücken und gebot meinem Papa, mit dem Recht des Heimvorteils zuerst zu ziehen. Seine Wahl konnte nicht fehlgehen!!!
Von mir äußerst überzeugt und siegessicher zeigte ich ihm als Zeichen der gewonnenen Stichwal die kleine rote Plastemünze in der von ihm gewählten Hand und ließ gleichzeitig die zweite aus der anderen Hand hinter meinem Rücken verschwinden.
Die Freude über diese, wenn auch etwas unlauter gewonnene Schlacht kannte keine Grenzen, und Papa brach in Jubel aus. Wenn ich damals ein schlechtes Gewissen hatte, dann ist es sicher schnell wieder besser geworden. Sorry, Onkel Siegfried!

Aber wo Freude ist, da ist auch Leid. Die unsäglichste Begebenheit dieser Art trug sich an der Westküste zu, ganz in der Nähe des sogenannten Müllergrabens.

Hier hatten wir den ganzen Nachmittag über Bernstein gesammelt und reichlich gefunden. Gerade hatten wir wieder eine tolle Stelle ausfindig gemacht, als mein Vater zischte:
"Andi, los aufs Rad und ab in Richtung Westen. Da hinten, dort wo die Buchen ins Meer gestürzt sind, da sieht es von hier aus sehr interessant aus. Peil mal die Lage, und wenn nichts zu holen ist, dann kommst du gleich wieder!"
Sehr widerwillig hörte ich diese Worte, und traute meinen Ohren nicht, als ich mich kurz entschlossen entgegenen hörte:
„Nein!"

Das erste Mal hatte ich die angeordnete Marschroute nicht angenommen und ging einem pubertären Jugendlichen gleich sozusagen „meinen eigenen Weg".
Doch das war ein großer Fehler.
Kaum hatte ich mich der Anweisung meines Vaters Martin widersetzt, machte sich sein Sammelfreund Fritz Wendel auf den Weg zu seinem Moped und fuhr in die schon erwähnte Richtung.
Vater schaute missmutig und unruhig hinterher. Und dazu hatte er auch allen Grund! Nach nur 30 Minuten kehrte der Ausreißer unter dem Geknatter seines silbernen Enduro zurück und wies uns stolz einen Brocken Bernstein vor, der in seiner Größe eher einem Fußball glich.

Natürlich sieht man in so dramatischen Situationen, noch dazu als kleines Kind, solcherlei Dinge immer größer! Fakt aber war, dass dies Stück Bernstein rund anderthalb Pfund wog und nicht in die Tasche von Herrn Wendel passte. Er hatte es deshalb in seinem Kescher verstaut, und hinter diesem Netz lugte der Fund uns nun die ganze verbleibende Zeit frech entgegen.
Wie waren am Boden zerstört! Am späten Abend musste ich den ganzen langen Heimweg ohne jegliche Unterhaltung ertragen, mein Vater fand mir gegenüber erst nach vielen Stunden seine Stimme wieder.

Aber Gott sei Dank überwogen stets die glücklichen und erfolgreichen Momente unserer Sammelleidenschaft.
So auch an dem Tage, an dem meine Eltern wie in jedem Frühjahr ihr hauseigenes Bernsteinmuseum wiedereröffnen wollten.
Viele Besucher hatten sich schon auf unserem Grundstück eingefunden. Einige behaupteten, sie wären von

Vater persönlich zu um 10.00 Uhr eingeladen worden. Die Uhr war schon Viertel Zwölf, doch die Hauptakteure fehlten immer noch. Mit viel Fingerspitzengefühl hielt ich unsere Gäste hin. Ich konnte mir einfach nicht vorstellen, dass Mama und Papa etwas vergessen hätten. Das hatte es noch nie gegeben.

„Liebe Besucher", hörte ich mich sagen, "entweder ist etwas ganz Schreckliches passiert und mein Vater liegt irgendwo verletzt am Strand, oder...oder...oder er hat heut einfach sehr viel Bernstein gefunden und kann deshalb noch nicht nach Hause kommen!"
Unter überwiegend verständnisvollem Gemurmel verließen die ein- und wieder ausgeladenen Gäste unseren Hof, und es stellte sich Stunden später Gott sei Dank heraus, dass die letztere Variante zutraf. Unsere Eltern kamen abgekämpft und glücklich nach Hause, und alle Taschen ihrer Kleidung waren über und über gefüllt mit schönem frischen Bernstein. Mehr als vier Pfund landete später im Schrank meines Vaters, und der Erfolg wurde am gleichen Abend im Kreise der Familie kräftig gefeiert.

Die Vielzahl solch schöner Erlebnisse mit Mutter und Vater fasste ein Freund der Familie einmal mit den folgenden Worten zusammen.
„Für euch", so sagte er, „hat der Name BMW eine ganz eigentümliche und außerordentliche Bedeutung. Für euch ist dies nicht etwa die Bezeichnung für ein Luxusauto, sondern vielmehr die Abkürzung für folgende Worte: **B**ernstein **m**acht **w**ohlhabend! Und nicht vordergründig materiell sondern vor allen Dingen im Herzen!"

ABSCHIED

Opa Max war gestorben. Ganz leise hatte er sich auf seine letzte große Reise gemacht. Wie ein schwarzer Schatten legte sich der Verlust dieses Menschen auf uns, unser Haus, unser Grundstück.
Alles, was gestern noch so friedlich und vollkommen erschien, zerbrach in einem einzigen Moment, und wir Kinder wussten und fühlten, dass es nie wieder so sein würde wie früher.
Mit leisen Tränen eilte unsere Mama die Treppe hinauf, um nach dem alten Gesangbuch zu suchen, das sie ihrem Vater mit auf den Weg geben wollte. Wir versteckten uns im Zimmer und zogen die Bettdecken über den Kopf, fassungs- und irgendwie orientierungslos. Ein großer Teil des festen Fundamentes unserer Familie lebte nicht mehr, und die Erinnerungen liefen bei uns ab wie ein Film.

Opa Max war ein großer Mensch, nicht von Wuchs, vielmehr aber Kraft seiner Persönlichkeit.
Er teilte das Schicksal vieler Millionen Flüchtlinge nach dem Zweiten Weltkrieg. Geboren im Ostseebad Jershöft in Hinterpommern, musste er 1945 alles zurücklassen und rettete nur das Leben seiner Familienangehörigen.
Er war Gastwirt und Mensch mit Leib und Seele und die Wurzel unser aller Daseins.
Und nun war er nicht mehr da, und der Abschied von ihm sollte für immer sein.

Wir drei Kinder dachten voller Wehmut an ihn. Erinnerten uns an seine Geburtstage, wo jung und alt in trauter

Runde zusammenka-
men, sangen und zu
handgemachter Musik
vom Akkordeon tanz-
ten.

Wir, seine Enkel, wa-
ren stets bis in die
Nacht mit dabei, hör-
ten den Gesang der
„Alten", freuten uns,
wenn die verordnete
Schlafenszeit immer
weiter hinausgescho-
ben wurde und wir
somit Teil haben durf-
ten an den großen
Festen der Familie,
auch damit zu einem
Teil von ihr wurden.

...freuten uns, wenn die verordnete Schlafenszeit immer weiter hinausge- schoben wurde und wir somit Teil ha- ben durften an den großen Festen der Familie, auch damit zu einem Teil von ihr wurden..

Wir dachten an Opas große und verbrauchte Hände, die
so oft über unser aller Haar strichen, an die Güte und
Wärme seiner Augen. Wie oft hatte Mutter Linda ihn in
besonders heiklen Situationen davon überzeugen wollen,
dass er bei uns Kindern härter durchgreifen müsse.
Seine fast entschuldigende hinterpommersche Antwort
gegenüber seiner Tochter lautete stets:
"Öwer Linda, ick schloos doch all so väl!" (Ich schlag sie
doch schon so viel!)
Mutter musste dann stets lachen, wusste sie doch genau, dass unser lieber Opa mit seinem weichen Herz nie
seine großen Hände gegen uns kleine Spitzbuben erhob!
Und nun war er einfach nicht mehr bei uns, und keiner
wusste so recht, wie es ohne ihn weitergehen sollte.

Wir dachten an Opas große und verbrauchte Hände, die so oft über unser aller Haar strichen, an die Güte und Wärme seiner Augen...

Gerade der Verlust von Familienangehörigen gehört für Kinder, aber auch für Erwachsene zu den traumatischsten Erlebnissen.

Unsere Eltern wollten uns soweit wie möglich von den nun folgenden Formalitäten fernhalten, uns ersparen mitzuerleben, wie der schwarze Wagen auf den Hof fuhr und unseren Opa einfach mitnahm. Und so schickten sie uns kurzerhand an den Weststrand unserer Halbinsel mit der Bitte, Strandgut und Bernstein zu sammeln.

Der Oktobermorgen war kalt und grau, der Wind blies in Sturmstärke aus Nordwest, und es bereitete uns ziemlich viel Mühe, voranzukommen.

Die weißen Schaumkämme auf den meterhohen Wogen blitzten auf und hoben sich gut sichtbar ab vor der Eintönigkeit des bezogenen Himmels, und die sonst so fröh-

*Die weißen Schaum-
kämme auf den me-
terhohen Wogen
blitzten auf und ho-
ben sich gut sichtbar
ab vor der Eintönig-
keit des bezogenen
Himmels...*

lich kreischenden Möwen hoch in den Wolken über der
See wurden zu Sturmvögeln aus einer längst vergesse-
nen Zeit.

Millionen von winzigen Sandkristallen erfüllten die Luft
und schnitten in unseren kleinen Gesichtern wie Rasier-
klingen.

Die vor dem Sturme fliehenden Kronen der Windflüchter
ächzten unter dem Druck des Orkans, und wir kämpften
uns Meter um Meter voran.

Auffallend für diesen Morgen, den wir so oder ähnlich
schon hundertmal erlebt hatten, war, dass der ganze
Strand übersät war mit weißen Kohlköpfen.

„Da muß wohl eine ganze Decksladung über Bord gegangen sein!", reimten wir uns missmutig zusammen, und
wir begannen, uns mit dem hellen kugelähnlichen Gemüse zu bewerfen. Wie Handgranaten flog das Grünzeug
durch die Luft.

Weiter und weiter arbeiteten wir uns am Strand voran,
und immer, wenn der nächste kleine weiße Punkt in
geraumer Entfernung auftauchte, liefen wir zu ihm um
die Wette.

Plötzlich aber blieben wir Strolche aus vollem Lauf wie angewurzelt stehen. Das vor uns liegende angestrebte Wurfgeschoß war kein Kohlkopf, sondern der weiße Schädel eines Lebewesens.
Auf den zweiten Blick, der dem der Überraschung folgte, erkannten wir, dass es sich hier um einen leblosen menschlichen Körper handelte, der bar jeder Regung am Wellenschlag unserer Westküste lag. Es war die Leiche eines Mannes, die augenscheinlich schon einige Zeit im Wasser trieb.

Das Gesicht hatte sich tief in das körnige Sandbett des Spülsaumes eingegraben, dieser Umstand ersparte uns Kindern den Blick in das Antlitz des Toten.
Er war mit einem schwarzen Anzug und mit braunen Lederschuhen bekleidet. Die Überraschung der Situation ließ bei uns keine Angst zu, neugierig standen wir um ihn herum und beratschlagten, was wir nun tun sollten.
Alles klärte sich allerdings von selbst, als nach etwa zehn Minuten zwei auf dem Leuchtturm stationierte Soldaten vorüberkamen und per Funk ihre Dienststelle benachrichtigten.

Welch Ironie der Situation: Waren wir doch aus gutem Grund zur Westküste aufgebrochen, und dann ein solch trauriger Fund!

MUTTER

In jeder richtigen Familie gibt es einen Mittelpunkt. Einen Menschen, der buchstäblich die Zügel in der Hand hält und Sorge trägt für das Wohl und Wehe wichtiger Entscheidungen.

In jeder richtigen Familie gibt es einen Menschen, der im Großteil der Entscheidungen des eigenen Lebens sich selbst zurücknimmt, um damit das Wohl des Großen und Ganzen zu fördern.

In jeder richtigen Familie gibt es einen Menschen, der über das eigene Ich hinaus Verantwortung übernimmt, selten im Vordergrund und meistens hinter den Kulissen. Und dies mit sehr viel Fingerspitzengefühl.

Das war und ist bei uns unsere Mama Linda.

BOOTSMANN AUF DER SCHOLLE

„Hast Du die Axt mit?", fragte Stefan eindringlich, als wir uns in der Morgendämmerung am Briefkasten von seiner Oma Inge in der Waldstraße trafen. Es war ein altes braunes Blechgehäuse, das weniger Farbe als Rost auf der Oberfläche zu bieten hatte, und das Schloß hatte schon vor vielen Jahren das Zeitliche gesegnet.
„Vergessen, oder?", hakte der Fragende nach, doch diese Zweifel nötigten mir nur ein überlegenes Lächeln ab:
„Phh, so'n Quatsch! Du vielleicht!"
Ich holte den Holzstiel hinter dem Rücken hervor und lehnte das Arbeitsgerät an den Pfahl des verrosteten Behälters, der uns oft auch als sogenannter toter Briefkasten diente. Hatten wir Buben in der Schule erfolgreich ein Schachergeschäft abgewickelt und Matchbox-Autos gegen Filzstifte eingetauscht, wurde die heiße Ware genau hier sozusagen unpersönlich übergeben. Wie freuten wir uns dann, wenn in aller Herrgottsfrühe hinter der quietschenden Tür des Kastens ein Mini-Rennwagen Marke Ferrari zum Vorschein kam, dessen Erwerb wir mit zehn Pelikan-Filzern retour bezahlten.

Einmal hatte uns Oma Erna bei der Abwicklung unserer Geschäfte hinter der Gardine beobachtet und mahnte:
„So geit dat nich wierer. Wenn mie dat noch eis vörkümmt, vertell ick dat Papa Martin!"
Unsere Gesichter liefen an wie Feuerlöscher, und leise murmelnd stahlen wir uns davon. Sie sollte sich mal nicht so haben! Hatten doch schließlich ein gutes Geschäft gemacht, und ein gutes ist immer noch besser als ein schlechtes oder gar keins! Und überhaupt, alle in der

Klasse schacherten um die Wette. Es kam vor, dass ein Pelikan-Füller zehn Mal den Besitzer wechselte und auch Tintenkiller und Filzstifte gingen gern reihum.

„Dat is ja `n ganz schönes Teil!", flüsterte Stefan anerkennend mit Blick auf meine Axt, und nahm seine eigene auf die Schulter.
Inzwischen war auch Christian am verabredeten Treffpunkt angelangt, und wir machten uns gemeinsam auf den Weg zum Nordstrand in die Prerower Bucht.

Der Winter 78/79 war sehr hart und frostig. Lange hatten die Schneestürme auch bei uns gewütet und das gesamte öffentliche Leben zum Erliegen gebracht. Meterhohe Schneewehen kesselten den Ort und die Landstraßen aus allen Himmelsrichtungen her ein und machten ein Vorankommen unmöglich. In unserer Schule waren sämtliche Heizkörper kaputt gefroren und verlängerten damit unsere Ferien um einige Tage.

Die Ostsee war zu. Die ganze Prerower Bucht sah aus wie eine große weiße Sandwüste, die sich bis an den Horizont in Richtung Dänemark erstreckte. Riesige Eisdünen hatten sich an der ehemaligen Wasserkante zusammen geschoben, und noch sehr lange sollte es dauern, bis sich um diese herum wieder freie See zeigen wollten.

Mitte April war es dann allerdings soweit, das Eis in der Bucht von Prerow brach nach einem kräftigen Sturm aus Nordost, und genau diesen Zeitpunkt hatten wir mit unseren Äxten schon sehnsüchtig erwartet.

Wir Kinder fuhren mit dem schweren Arbeitsgerät an den Nordstrand, um einen Ausflug der besonderen Art vorzubereiten.

„Los wir fangen da vorn an!", schlug Bruder Christian vor und begann damit, eine große Eisscholle an der bereits freien Wasserkante loszuhacken, um auf große Fahrt zu gehen. Stefan und ich waren ebenso sofort fleißig am Werke. Es dauerte wohl eine gute Stunde, bis die Scholle mit einer Größe von ungefähr sechs Quadratmetern gänzlich losgelöst vom übrigen Packeis bereit zur Jungfernfahrt vor Anker lag.

„Mensch, das war ein hartes Stück Arbeit!", keuchte Chrischi, „Wir brauchen aber noch lange Stangen! Das Boot ist sonst manövrierunfähig! Guck mal, Andi, dahinten in den Dünen stehen lange Gerten!"

Drei der dünnen Bäume mussten in den nun folgenden Minuten unter den erbarmungslosen Schlägen meiner Axt ihr Leben lassen.

Völlig ohne Furcht betraten wir unser „Schiff" und legten ab. Die Dienstränge an Bord wurden schnell verteilt und Christian war der Kapitän.

„Kurs hart Steuerbord, halbe Kraft voraus!", war sein erster Befehl, und Meter um Meter arbeiteten wir uns stakend voran. Ich kann mich noch sehr gut daran erinnern, dass wir uns bis in eine Wassertiefe hinauswagten, die es uns gerade noch ermöglichte, die vielleicht viereinhalb Meter langen Stangen im Wasser zu dirigieren, ohne die Hände selbst schon im eisigen Naß zu haben. Gerade noch mit den Fingerspitzen angelten wir die Stangen wieder heraus und setzten sie erneut an, um auf der eingeschlagenen Fahrtroute voranzukommen.

Am Ufer hatten sich einige Zuschauer zusammengefunden und fuchtelten wie wild mit den Armen in der Luft herum. Wir nahmen diese Gesten als Zeichen der Bewunderung und kamen nicht im Entferntesten auf die Idee, dass man uns warnen wollte.

„Son Schiet, mein Ruder ist weg!", beklagte Stefan nach einer runden halben Stunde missmutig den Verlust seiner Gerte. „Ich hab es einfach nicht mehr halten können..."

„Ist doch nicht so schlimm, wir haben doch noch zwei!", trösteten wir Zwillinge und mussten gleichzeitig seine Arbeit mit übernehmen. Doch dies war gar nicht so einfach, schließlich war ein rundes Drittel unserer Motorleistung ausgefallen! Unsere dünnen Ärmchen zitterten vor Anstrengung, und nur mit großer Mühe erreichten wir vor der hereinbrechenden Dunkelheit das rettende Ufer.

In Rückbesinnung an dieses Erlebnis gefriert mir noch heute das Blut in den Adern und ich kann nur hoffen, dass unsere eigenen Kinder nicht auf ähnliche Gedanken kommen!

ALKOHOL

Alkohol spielte im Leben unserer Familie immer eine bedeutende Rolle. Nicht etwa, dass alle Vor- und Vorvorfahren seit Generationen an großen und an kleinen Flaschen hingen, um sich durch die Kraft des Feuerwassers zu betäuben.

Vielmehr gab es im Haus meines Großvaters immer Alkohol zu kaufen. In der Flasche oder im Glas, und auch viele Ahnen in der langen Liste meiner Vorgänger waren Gastwirt und erfreuten so manchen Durstigen mit einem kühlen Getränk.

Opa Max hatte im fernen Hinterpommern im Ostseebad Jershöft das Lindenhotel betrieben und schon Mitte der 30-er Jahre einen großen Tanzsaal angebaut.

„Die jungen Burschen und Mädchen", so der Sprachgebrauch von Oma Erna, "die kamen aus den ganzen Nachbarorten mit dem Fahrrad zu uns. Auf der Bühne spielte die Kapelle, und wisst ihr, wir sind so manche Nacht über dem Zählen der Groschen eingeschlafen, weil wir so müde waren. Wir bekamen immer nur drei Stunden Schlaf...!"

Nach der Flucht 1945 im Ostseebad Prerow angekommen, begann Opa Max wieder mit dem ihm vertrauten Handwerk, und auch wir als seine Enkel durften manchmal vorne in der Veranda die Gäste bedienen.

Wir waren gerade vier Jahre alt geworden, als Bruder Christian das erste Mal Bekanntschaft machte mit der Kraft und Magie des roten Weines.

Opa saß über Mittag für gewöhnlich in seinem Büro am Schreibtisch und befasste sich mit seinen Unterlagen. Er hatte nach dem Essen ein Glas Portwein zur Verdauung getrunken, und die entkorkte Flasche stand noch neben ihm auf dem alten Sekretär, als er sich zu einem Nickerchen in den von ihm so geliebten großen Ohrensessel niederließ.

Leise öffnete Christian die Tür und sah Opa Max im Sessel friedlich schlummern.

Nach der Flucht 1945 im Ostseebad Prerow angekommen, begann Opa Max wieder mit dem ihm vertrauten Handwerk,..

Die Sonne stand sehr hoch, die Luft flimmerte vor Hitze, und nicht zuletzt auch deshalb verspürte mein lieber Zwilling einen entsetzlichen Durst.

Mit einem messerscharfen Blick erkannte er die Situation, erblickte die auf dem Sekretär stehende Flasche roten Weines, welchen er für Erdbeersaft hielt, und stahl sich klammheimlich mitsamt des prozentigen Gefäßes aus dem Raum.

Die Hitze und der große Durst brachten es wohl mit sich, dass Christian nicht bemerkte, um was es sich hier handelte. Er setzte an und trank mit gierigen Schlucken die

Flasche leer. Innerhalb von fünf Minuten war er im Zauberwald.

Er versuchte verzweifelt, wie ein Mann den Hof zu überqueren, seine kleinen wackligen Beine vermochten ihn kaum noch zu tragen. Im Gehen stieß er dabei recht unartikulierte Laute aus, so, als lernte er gerade das Sprechen, und das Lallen seiner Zunge ließ keine Kommunikation mehr zu .

Schließlich und endlich kollidierte Chrischi mit dem Hinterrad des gerade auf den Hof gefahrenen Kohlenwagens und schlug hier gleich einem entwurzelten Baum zu Boden.

Minuten später fand ihn Papa Martin an gleicher Stelle und trug seinen Sprössling vorsichtig ins Haus.

Als Mutter nach dem Unterricht nach Hause kam, traute sie erst ihrer Nase und dann ihren Augen nicht.

„Na Martin, was habt ihr denn heute wieder gefeiert?", begrüßte sie meinen Vater und warf ihm einen vernichtenden Blick zu. Sie glaubte allen Ernstes, dass der Dunst verbrauchten Alkohols, der das ganze Haus einnahm, von ihrem Mann stamme. Sie musterte ihn von oben bis unten, und ihre Gesichtszüge entspannten sich. Es war nichts Auffälliges festzustellen. Ihr Martin sah so aus wie immer und die Lustigkeit seiner Augen hielt sich in Grenzen. Wo aber kam denn der Geruch nach frischem Brandwein her???

Papa schüttelte vorsichtig den Kopf, nahm seine Frau bei der Hand und führte sie in das Kinderzimmer. Dort lag ein kleiner Schwerenöter mit blonden Locken im alten Darßer Federbett und schnarchte wie eine Motorsäge. In den vergangenen Minuten hatte er mehrfach einen Teil seines Mageninhaltes mit dem Fahrstuhl nach oben befördert und schien nun auf dem Wege der Besserung zu sein.

„De Appel füllt nich wiet vom Stamm!", murmelte mein Vater und schloß mit lächelndem Gesicht die Tür.

Wenige Wochen später kam es zu einem eklatanten Zwischenfall, der noch heute auf Grund seiner Brisanz die Grundmauern unseres Hauses und der Ehe meiner Eltern erzittern lässt.

Papa Martin war befördert worden. Nicht etwa an einen fernen Ort, sondern vielmehr zum Oberinspektor bei der Deutschen Post. Natürlich wurden und werden solche Jubiläen nie ganz unter den Tisch gekehrt, ist ein solcher Anlaß doch meist erfreulich und mit der Einstufung in eine höhere Gehaltsklasse verbunden.

Die Freude meines Vaters und seiner Kollegen war so groß, dass er schlichtweg den Weg nach Hause nicht mehr fand. Kam er sonst gegen 17.00 Uhr mit dem Moped auf den Hof gefahren, warteten wir an diesem Abend noch um 22.00 Uhr vergebens.

Angsterfüllt ob der bevorstehenden Kopfwäsche für unseren Erzeuger vernahmen wir gegen elf Uhr in der Nacht lustig singende Stimmen auf dem Hof, die näher zu kommen schienen.

Wir drückten unsere kleinen Nasen an der Verglasung der Rohrdachgaube platt, um den Troß der Heimkehrer zu beobachten. Zwei hilfsbereite Kollegen hatten unseren Papa Martin untergehakt und übergaben ihn wie Parlamentäre mit weißer Fahne an seine Gattin, die ungeduldig und natürlich stark verstimmt an der Pforte zu unserem Grundstück wartete.

Bei der eigentlichen Übergabe musste etwas schief gegangen sein, denn ich sah, wie der seelige Oberinspektor ausrutschte und zu Boden ging. Dabei verstauchte er sich das Bein, und der Ansatz eines Humpelns war noch Wochen später zu erahnen.

Gott sei Dank verzieh ihm Mutter doch recht schnell, der Missetäter gelobte Reue und unser Haussegen hing wieder gerade. Unseren Vater haben wir so nie wieder gesehen...

Beim Anglerball in der Dorfgaststätte „Helgoland" hatte der alte Buddelschiffbauer Rudi Ehlert den berühmten Wal aufgebaut. Ein etwa mannshohes Ungetüm aus einer Holzplatte gesägt, das recht schön und buntbemalt war und an der Stelle des Herzens ein kreisrundes Loch vorwies.

Hinter dieses Loch wurde eine gläserne Nuckelflasche, gefüllt mit rot gefärbtem Wasser, geklemmt. Jeder Interessierte konnte hier versuchen, für das Entgelt von 20 Pfennig mit Hilfe einer hölzernen Taube wie beim Taubenstechen zu treffen.

Hatte der Versuch Erfolg, zerbrach die Flasche hinter dem Herz des Wales, und die rote Flüssigkeit ergoß sich in die unter der Anlage bereitgestellte Blechwanne, gaukelte somit das Blut des getroffenen Meeresungeheuers vor. Als Lohn für einen guten Schuß bekam man entweder ein Stück Torte oder einen doppelten Korn.

Wir Zwillinge waren gute Beobachter: „Guck genau hin," flüsterte Chrischi, "wir müssen versuchen, mit unseren fünf Mark so viel wie möglich rauszuholen. Sieh bloß mal den schönen Kuchen! Toi, toi, toi Andi, gleich geht's los."

Unsere erwachsenen Vorgänger hatten eine miserable Trefferquote. Angeheitert durch Hafenbräu und Köm machten sich die allermeisten nur einen Spaß. Bei uns Jungs allerdings erwachte der sportliche Ehrgeiz.

„Na Jung, nu man los, nu büst du dran!" sagte Herr Ehlert und Christian zielte genau. Er ließ die Taube auf den Wal krachen, und mit dumpfem Knirschen zerbrach die Flasche. Das rote Wasser dokumentierte farbenfroh den Erfolg.
„Treffer!", sagte Chrischi, und ließ die Taube erneut auf den Wal los. Auch diesmal hatte er Erfolg, und mit der ersten Mark aßen wir uns an Schokotorte satt. Doch einmal angespornt ließen wir nicht locker.

„Nu is öwer Schluß!" blubberten die Veranstalter, als sie den sechzehnten doppelten Korn hintereinander in das Glas gießen mussten, das schon auf dem Tablett zum Transport an unseren Tisch bereitstand.

Und so kam es, dass wir Papa Martin und Onkel Bruno mit nur fünf Mark zu einem feucht fröhlichen Abend verhalfen.

ABENTEUER AN DER WESTKÜSTE

Hermann Göring, seines Zeichens Reichsjägermeister und Oberbefehlshaber der Luftwaffe im 3. Reich, nannte in den 30-er Jahren ein Jagdschlösschen sein eigen, dass sich rohrgedeckt im Dünenwald der Westküste unserer Halbinsel versteckte. Hier war Göhring sehr oft, frönte dem Weidwerk und suchte Ruhe und Erholung.
Gleich nach dem Kriege wurde dieses schönen Gebäude gesprengt, um es nicht den näherkommenden russischen Truppen zu überlassen. Die Ruinen der Fundamente jedoch hatten sich bis in die Zeit unserer Kindheit erhalten.

Wir hatten von der Geschichte dieses Bauwerkes gehört. Früh am Morgen machten wir uns aus dem Haus mit dem ernsthaften Vorsatz:
"Heute finden wir eine Bombe!" Arbeitsgeräte wie Schaufel und Spaten hatten wir fachmännisch an unseren Rädern vertäut, und unser Nachbarjunge Stefan führte den Troß der Entdecker mit seinem nagelneuen Diamantfahrrad inclusive V-Lenker an.
„Wir müssen alles genau erkunden", sagte er mit ernster Miene, „und Fehler können wir uns nicht erlauben! Schließlich bergen wir Munition!"
Systematisch wurde das gesamte Gelände durchkämmt, Quadratmeter für Quadratmeter genauestens observiert, und an besonders verheißungsvollen Stellen begannen wir gleich Maulwürfen zu graben.

Bruder Christian war bereits ganz hinter seinem Hügel verschwunden, als er plötzlich aufgeregt schrie:

„Ich hab was, ich hab was, hier, kommt her! Schnell, kommt her!"

Ich war ihm am nächsten und sprang mit schnellen Sätzen über den Haufen frischen Erdreiches in die von ihm geschaufelte Grube hinein. Und in der Tat, da war etwas, was ich auch nicht deuten konnte. Die Oberfläche eines metallenen Gegenstandes lugte uns entgegen, und ich entschloß mich, das Heft des Handelns in die Hand zu nehmen.

„Weg da!" stieß ich den ebenso hinzugeeilten Schulfreund Stefan beiseite und begann, den vermeintlichen Sprengkörper fachmännisch zu untersuchen. Der Schweiß der Anspannung rann mir von der Stirn, und als ich endlich glaubte, den Zünder des Sprengsatzes in der Hand zu fühlen, sprang ich aus der Grube, und wir

Jungs liefen mit angsterfüllten Gesichtern und unter lautem Schreien hinunter an den Strand. Zum Glück waren hier viele leicht- und unbekleidete Onkel, die hilfesuchenden minderjährigen Schatzgräbern gern furchtlos zur Seite standen.

Ein etwas korpulenterer Herr setzte sich an die Spitze der Aufklärer, und der Trubel, der sich auf Grund des erahnten Sprengkörpers am Strand und im nahen Dünenwald verbreitete, war unbeschreiblich.

An der Grube angekommen, versuchte der dickliche Onkel an das Objekt der Begierde zu gelangen, doch das wollte anfangs nicht gelingen, weil der Körperumfang des Genannten dies nicht zuließ. Schließlich aber passte sich der Grubenrand den menschlichen Rettungsringen an und der mutige Herr glitt in die Tiefe. Hier grub er mit bloßen Händen weiter und schickte alle beteiligten Zuschauer in sichere Entfernung.

Sein angestrengtes Schnaufen drang bis zu uns, doch nach sieben Minuten harter Arbeit entspannten sich die Gesichtszüge des Bergarbeiters, und er förderte mit lautem Lachen ein großes verrostetes Türschloß zu Tage.

Die noch eben vorher sensationslustigen Schlachtenbummler sahen uns enttäuscht an, so, als wollten sie sagen:

"Und deshalb habt ihr uns nun vom Strand geholt!?!"

„Darüber wird zu Hause nichts erzählt!" entglitt es mir. Mit hängenden Ohren zogen wir von dannen und verabredeten, nichts von diesem peinlichen Vorfall preiszugeben. Daß ich hier gegen diese Abmachung verstieß, bitte ich zu entschuldigen.

Chrischi und Andi auf Abenteuersuche am Darßer Strand...

Vier Tage später war es dann aber soweit, der erste richtige Munitionsfund sollte sich einstellen.

Wie fast jeden Morgen in der schulfreien Ferienzeit hatten wir schon sehr früh den Weg zur Westküste zurückgelegt, um nach Strandgut zu schauen.

Wieder war auch Stefan mit dabei, der genauso wie wir alles brauchen konnte, was nicht niet- und nagelfest war. Oft fanden wir ganz nützliche Dinge, die von vorbeifahrenden Schiffen im Sturme über Bord gingen: Feuerzeuge, Flaschenposten, Ankerseile... Einmal war sogar echter amerikanischer Schiffskaffee mit dabei, und wir Kinder freuten uns wie die Schneekönige, als wir mit sechs großen Büchsen dieses Schatzes nach Hause kamen. Im elterlichen Haus wurde mit Lob nicht gespart, und wir tranken nun anderthalb Jahre nur noch diesen Kaffee.

An diesem Morgen jedoch entdeckte Zwilling Christian eine etwa 50 Zentimeter hohe Blechflasche, in der wir Öl vermuteten.

„Kann Vadder bestimmt fürs Moped brauchen!" urteilte Chrischi und klassifizierte somit den Fund zur Kategorie des Mitnehmenswerten.

Er tüterte eine Schnur an den ringähnlichen Verschluß der Flasche, nichtahnend, dass es sich hier um einen Abzugsring handelte. Mit ohrenbetäubendem Knall explodierte die Nebelgranate, als Christian ein letztes Mal die Festigkeit des Seiles prüfte.

„Achtung, vooorsichtiiieeeg, weg daaaa!"

Ich hätte nie geglaubt, dass wir 10-jährigen Buben aus dem Stand so weit springen konnten.

Alle mitgereisten Schatzsucher waren hinter Dünenzügen verschwunden, und erst nach einigen Minuten lugten unsere Köpfe verstohlen aus dem trockenen Strandhafer.

„Chrischi, lebst Du noch??? Wie geht's dir so?", flüsterte ich aufgeregt, nachdem ich mich im Stile einer Kegelrobbe zu ihm vorgearbeitet hatte.

„Geht so", knurrte er verstört zurück.

„Aber guck bloß mal da, das gibt's doch nicht!"

Bei diesen Worten deutete er mit seiner krausen Nase auf die explodierte Granate, die leuchtend roten Qualm von sich gab. Innerhalb von zehn Minuten war der gesamte Strandabschnitt und der ganze angrenzende Dünenwald eingenebelt.

Immer mehr hustende Badegäste der Westküste fanden sich schimpfend und gestikulierend am Ort des Geschehens ein.

"So eine Schweinerei! Wir in diesem Alter mussten schon hart arbeiten! Aber die Jungend heutzutage hat viel zu viel Zeit. Nur Dummheiten im Kopf, solche Lausebengel!"

Wir versuchten gar nicht erst, uns zu entschuldigen und unsere eigentliche Unschuld zu beweisen. Die aufgebrachte Menge forderte Strafe, und so stahlen wir uns im Schutze des roten Nebels schleunigst von dannen. Immer noch starr vor Schreck und dennoch froh, keinen Weltkrieg ausgelöst zu haben...

BRÜDERCHEN UND SCHWESTERCHEN

Es waren einmal zwei Brüderchen namens Christian und Andreas und ein Schwesterchen namens Kathrin. Sie lebten in dem kleinen Örtchen Prerow auf dem Darß. Schwesterchen war fünf Jahre alleine mit ihren Eltern und freute sich über die ungeteilte Aufmerksamkeit von Mama und Papa.
Doch das sollte sich ändern.
„Papa, wir haben zwei Brüderchen!", sagte Schwesterchen mehr enttäuscht als erfreut, denn sie konnte schon gut rechnen und wusste, dass ab jetzt alles durch drei geteilt werden musste.

Brüderchen Christian verstand sich immer sehr gut mit Schwesterchen. Er war meist sehr lieb zu ihr und las Schwesterchens Wünsche von ihren dunkelbraunen Augen ab. Brüderchen Andreas hatte auch dunkle Augen, allerdings konnte oder wollte er nicht lesen!

Schwesterchen hatte sich ein ganz interessantes und besonderes System der Männlichkeitsprüfung für ihre Brüderchen ausgedacht. Wenn abends einmal ein gruseliger Krimi im Fernsehen lief, kam Schwesterchen hinterher ängstlich in das Brüderchendoppelbett und lümmelte sich in die Mitte.
Weil Schwesterchen hier aber kein Federbett hatte, zog sie abwechselnd dem einen und dem anderen Brüderchen die Bettdecke weg. Wer nun am längsten aushielt, ohne laut und unwillig zu murren, war Sieger und wurde von Schwesterchen stets gelobt.

*„Papa, wir haben zwei Brüderchen!", sagte Schwesterchen mehr ent-
täuscht als erfreut, denn sie konnte schon gut rechnen und wusste,
dass ab jetzt alles durch drei geteilt werden musste...*

Brüderchen Andreas hatte nie gewonnen, weil er überhaupt nicht einsah, für Schwesterchen auch nur einen
einzigen Quadratzentimeter zu opfern.
Brüderchen Christian erntete dagegen immer großen
Ruhm und war wegen des oft fehlenden Federbettes
ständig erkältet.

Einmal war Schwesterchen Kathrin sehr böse zu Brüderchen Andreas, weil sie es bei Mama und Papa verpetzte.
Und damit es auch nie jemand vergessen würde, schrieb
sie alles auf. Schwesterchen schrieb:

*Liebe Mama!
Ich hoffe, es hat Euch auf der Silberhochzeit gefallen! Bei*

Liebe Mama!

*Ich hoffe es hat Euch auf der Silberhochzeit gefallen!
Bei uns ging es nicht so gut. Andreas hat erst
rumgetobt, Christian mußte ich schon in mein
Zimmer bringen, weil Andreas ihn nicht in Ruhe
ließ. Dann wurde Andreas so wütend, hat
mich angespuckt und geschlagen.*

*Ich habe mich so darüber aufgeregt.
Nächstens übernehme ich nicht mehr
die Verantwortung für den.
Man müßte den auch mal bestrafen*

Kathrin

uns ging es nicht so gut. Andreas hat erst rumgetobt.
Christian musste ich schon in mein Zimmer bringen, weil
Andreas ihn nicht in Ruhe ließ. Dann wurde Andreas so
wütend, hat mich angespuckt und geschlagen! Ich habe
mich so darüber aufgeregt. Nächstens übernehme ich
nicht mehr die Verantwortung für den. Man müsste den
auch mal bestrafen!

Kathrin

Das war aber gar nicht schön von Schwesterchen, war
sich Brüderchen Andi doch eigentlich keiner Schuld bewusst. Er kann sich bis heute nicht an diese bösen Zwi-
schenfälle erinnern - oder vielleicht will er es nur nicht?
Brüderchen Andreas wurde sehr ausgeschimpft und be-
mühte sich fortan um ein besseres Verhältnis zu
Schwesterchen.

Schon in den nächsten Sommerferien war Schwesterchen sehr oft allein mit ihren Brüderchen, weil Mama und Papa zur Arbeit waren. Und diese Situation nutzte Schwesterchen schamlos aus und spielte zu Hause die Lehrerin. Die Noten, die sie abschließend in ihrem Zeugnis für Brüderchen vergab, waren gar nicht so schlecht. Allerdings versuchte Schwesterchen erneut, mit einem hässlichen Satz in der schriftlichen Beurteilung Brüderchen Andis Freude zu trüben. Sie schrieb:

Andreas ist diszipliniert, aber er ruft in den Stunden immer dazwischen. Dadurch sinkt seine Betragenszensur beträchtlich ab.

Wieder war Brüderchen Andreas sehr traurig und beschwerte sich bei Mama und Papa. Doch diese gaben

Allerdings versuchte Schwesterchen erneut, mit einem hässlichen Satz in der schriftlichen Beurteilung Brüderchen Andis Freude zu trüben...

immer nur Schwesterchen recht. Und wieder gab Brüderchen Andreas nach und versuchte, freundlich zu sein.

Später lebten Brüderchen und Schwesterchen in großer Eintracht zusammen. Brüderchen Christian in Koserow auf der Insel Usedom, Schwesterchen und Brüderchen Andreas in Prerow auf dem Darß.
Alle drei haben zu Hause wieder viele kleine Brüderchen und Schwesterchen, die sich miteinander doch recht gut vertragen.

Und wenn Brüderchen und Schwesterchen, die jetzt Mama und Papa heißen, nicht gestorben sind, dann leben sie auch noch heute und morgen und in hundert Jahren...

DIE DARßER OBERLIGA

Wenn, wie schon ein paar Seiten zuvor beschrieben, dass jeder richtige Junge auf dem Darß angelt, so spielt erst recht jeder Fußball. Die Magie des runden Leders nahm ausnahmslos jeden Burschen unserer Schule gefangen. Wenn wir beiden Zwillingsbrüder nachts in unseren Betten lagen, waren wir wie Kempes, Beckenbauer oder Sparwasser.

In mancher Nacht gewannen wir wichtige Pokalspiele und wurden als erfolgreiche Helden von Millionen von Zuschauern gefeiert. Doch leider waren diese Träume nur sehr kurzlebig, und mit den Weckrufen unserer Mutter zerplatzten sie wie Seifenblasen.

In jeder freien Minute trafen wir uns auf dem Bolzplatz mit Gleichgesinnten. Ingo, Cousin Steffen, der lange Harry und auch Nachbar Stefan waren immer mit dabei. Dazu gesellte sich noch eine große Schar "fluktuativer Elemente", so dass wir in der Summe der Mitspieler nie unter zwölf waren.

Wichtigste Aufgabe in den ersten Tagen unserer Teambildung war die Suche nach einem geeigneten Fußballfeld. Passende Wiesen bezüglich der Größe gab es genug. Problematisch war nur, dass die meisten in privater Hand waren! Und wer hatte schon gern täglich eine lärmende und krakelende Horde vor der Tür!

Ganz am Anfang zogen wir die große Wiese hinter Schuster Holland in Betracht. Und es war klar, dass der Weg zum Erfolg nur über die Herzen der beiden Töchter von Herrn Holland führte, die damals sicher auch schon über fünfzig waren.

Zwei Stürmer der "Darßer Oberliga" hören auf die fachmännische Beratung ihres Trainers...

Stellen Sie sich bitte folgendes Bild vor: Fünfzehn unge-
kämmte Früchtchen im Alter zwischen sieben und zehn
Jahren stehen vor ihrer Tür, haben als beweisfähige
Utensilien Ballpumpe, Tornetze und einen Fußball in der
Hand und stellen Ihnen nach fünfminütigem Dauer-
klingeln doch folgende schwierige Gewissensfrage:
"Guten Tag, Frau Holland! Mögen Sie Kinder??? Wir sind
Jungs aus Prerow und würden gerne auf ihrer schönen
Wiese hier neben dem Haus Fußball spielen. Wir sind
auch ganz leise und sehen uns vor. Bitte, bitte...!"
Nun mal ganz ehrlich, wie hätten Sie reagiert? Die Hol-
lands-Schwestern hatten selbst keine Kinder und taten
das einzig Vernünftige, was man in einer solchen Situation tun kann. Sie schüttelten wortlos den Kopf und
schlossen die Tür von innen!

Was hatten wir falsch gemacht? Wo lag der Haken? Wir Buben diskutierten und beratschlagten stundenlang, zermarterten uns das Hirn und einigten uns schließlich auf folgende Formel:
"Sie haben uns sicher nicht geglaubt, dass wir ruhig sein und uns vorsehen können!"

Strategisch musste sich also etwas ändern, damit ähnliche Pleiten für die Zukunft ausblieben. Deshalb erkauften wir uns mit großen Kinderaugen das Herz von Onkel Kurt und erklärten ihm, dass auch Frau Burmeister eine schöne Wiese hätte...

Ich weiß bis heute nicht, wie Onkel Kurt die alte Dame überzeugte. Wenige Tage jedoch nach unserem Gespräch war bereits das erste Training angesetzt.
Bevor alles zum Tragen kam, gab es allerdings noch sehr viel Arbeit. Wir entfernten auf dem gesamten Platz meterhohe Brennnesseln und Farnkraut, und erst dann hatten wir einen richtigen Blick auf die Fläche: Sie war nicht ganz eben und die eine Spielhälfte war vielleicht acht Meter schmaler, weil sich an der Grenze ein Graben befand. Ungefähr hundert Mal am Nachmittag landete nun unser brauner Lederball in den kommenden Jahren in der grünen Brühe zwischen Entenflott und Schilf. Doch das störte nicht. Wir waren einfach nur glücklich...

Das Haus von Frau Burmeister war weit entfernt, unser Torjubel ereilte sie nicht bei ihrem nachmittäglichen Kaffeekränzchen. Das einzige nennenswerte Problem war das angrenzende große Bettenhaus eines Betriebsferienheimes. Hier gingen öfter Scheiben zu Bruch. Doch auch hier fand sich alsbald eine Lösung namens Onkel Horst,

der vor kurzem dort Hausmeister geworden war und sich bereit erklärte, alle unsere Missetaten zu decken.
Danke, Onkel Horst!

Richtige Fußballtore waren ein Traum in unserem Örtchen. Wurde im Ostseestadion in Rostock auf zentimetergenaue Gehäuse gespielt, so mussten wir hier zu ganz unkonventionellen Maßnahmen greifen.
„Der Weg ist das Ziel!", so unsere Losung, als wir mit Äxten und Fuchsschwänzen bewaffnet das nahe Dünenwäldchen erreichten, um „Stammholz zu schlagen". Mit reiner Muskelkraft schleppten wir die gefällten dicken Kiefernstämme gleich den sieben Schwaben durch die Dämmerung und bauten die Tore noch am selben Abend auf.

Nur waren die Lichtverhältnisse im letzten Bauabschnitt nicht mehr die besten...

„Da stimmt wat nicht", urteilte Onkel Kurt ernüchtert, als er am nächsten Morgen unsere Bauwerke betrachtete. Das erste Tor befriedigte die allgemeinen Bedürfnisse und stieß auf Wohlwollen. Das zweite aber auf der Westseite des Platzes, das wir bei völliger Dunkelheit mit 200er Nägeln zusammengezimmert hatten, glich eher einem Stufenbarren mit zwei verschiedenen Höhen.
„Wat hem schie denn dor bloß werre mokt, dat is 'sche ganz scheif! So geit dat nich, is dat 'n Schiet! Nee, wenn man nich allens allein mökt!", brubbelte Onkel Kurt und schickte sich an, die Fehler zu beheben.
Wir aber waren strikt dagegen, hatten uns schließlich nicht umsonst gequält und bestanden darauf, dass alles so blieb. Und es blieb so!

Allerdings mit dem Nachteil, dass nicht jeder gewählte Torwart Schüsse auf die rechte obere Ecke halten konnte. Sie war etwa einen Meter höher als die linke!

Pünktlich zum ersten Mai wurde das Gerangel um die Stammplätze in unserer Top-Auswahl größer.
Jeder wollte gern dabei sein, wenn es auf dem großen Parkplatz neben Bäcker Groth vor vielen Prerower Zuschauern hieß:
„Alt gegen Jung, Väter gegen Söhne!"
Bei der Schärfe des Konkurrenzkampfes im Vorfeld kam es schon mal vor, dass sonst so einträchtige Beziehungen wie die zwischen Bruder Christian und Cousin Steffen auf harte Belastungsproben gestellt wurden.
Steffen war extrem übermotiviert, hatte meinen Zwillingsbruder schwer gefoult und obendrein noch recht unflätig beleidigt. Dies wurde nun dem mitspielendem Onkel Kurt zu viel. Er verschwand kurzerhand mit Söhnchen Steffen für fünf Minuten in der nahen Wohnung. Danach kam der gemaßregelte Zögling mit roter Wange und blutender Nase wieder heraus und entschuldigte sich förmlich. Wir nahmen an.
Letztlich und endlich waren dann aber alle friedlich dabei, auf oder neben dem Platz, mit Bier oder Brause.
Wenn sich die Partie auf die rechte Spielhälfte verlagerte, dribbelte man einfach um die mitten auf dem Feld stehende geschmückte Maibirke herum.
Und in der Glückseligkeit solch herausragender Fußballfeste vereinte alle Beteiligten männlichen Personen mit oder ohne Bier nur ein einziger Wunsch:
Wenn man dereinst von dieser schönen Welt gehen müsse, dann ganz sicher nur im Trikot des FC Hansa Rostock!

DU UND DEIN HAUSTIER

Alle Kinder mögen Tiere. Man kann mit ihnen spielen, herumtollen und erzählen, und meistens hören sie sogar besser zu als so mancher Mensch. Und Tiere sind treu, vergessen nie, wenn man ihnen einmal Gutes tat. Sie haben zwei oder vier Beine, einige sogar Flügel oder Flossen. Tiere sind schon etwas ganz Besonderes...

Große Aufregung herrschte unten auf dem Hof. Das Gewirr vieler Stimmen drang an die für meinen zarten Kinderkopf doch etwas überdimensionierten Ohren.
„Segelöhrchen, Segelöhrchen!", hatte mich Christian oft gehänselt, wenn ich mit dem Haarschnitt eines Rummelboxers vom Frisör nach Hause kam. Dieser Schnitt war zwingend nötig, um dem Sohnesideal meines Vaters zu entsprechen. Einmal hatte ich versucht, ein bisschen Schärfe aus der Forderung herauszunehmen, und bat unseren Frisör Peter, doch Gnade walten zu lassen. Und er ließ es geschehen und schnitt die schon erwähnten Horchlöffel an diesem Tag nicht ganz so frei.
Kaum zu Hause angekommen, hörte ich Papa Martin bereits toltern:
„Das sieht ja unmöglich aus! Wie bei den Hottentotten! Sofort fährst Du zurück. Du kannst im Frisörsalon 'nen schönen Gruß von mir bestellen."

Nun war ich damals noch recht folgsam und hörte auf die Worte unseres Familienoberhauptes. Wieder nahm ich auf dem Kinderbrett Platz, das quer über die Lehnen des Salonstuhles gelegt wurde, um kleinwüchsigen Delinquenten die Chance zu geben, zumindest visuell sich im Spiegel betrachtend ihrer eigenen Hinrichtung beizuwohnen. Und jetzt verpasste mir der kritisierte Barbier einen erst recht verhassten Schnitt...

„Ist der aber niedlich!", hörten wir Schwester Kathrin draußen rufen, als Onkel Kurt den frisch gefangenen Wildhasen aus der Innentasche seiner Jacke holte. Er hatte den kleinen Meister Lampe bei seiner Arbeit im Darßer Wald entdeckt, gleichzeitig aber keine dazugehörige Hasenmutter erkennen können.
Und so erschien es ihm gleichsam wichtig, eine Beschützerrolle zu übernehmen und dem kleinen Waisenkind eine neue Familie zu suchen. Ja, und in dieser Familie war es nun angekommen
„Ist der aber süüüüüß!", schwärmte Kathrin vorpubertär und riß das winzige zappelnde Geschöpf sofort an sich. Wir Jungen rannten die knarrende Treppe hinunter und hatten keine Chance, an irgendeine Mutter- oder Vaterstelle für das Hasenbaby zu treten. Kathrin füllte alles gleichzeitig aus.
Neugierig durften wir zumindest etwas näher schlurfen und sahen ein flauschiges Wollknäuel mit großen dunkelbraunen Augen. Kathrin hielt es ganz fest an ihr buntes Sommerkleid gedrückt, und es schien sich richtig wohl zu fühlen.
Sofort begann unsere Schwester als selbsternannte Erziehungsberechtigte mit tiefgreifendem Nachdenken über die künftige Ernährung ihres Schützlings. Irgendwo trieb sie eifrig eine Puppennuckelflasche auf, die in den kommenden Tagen die Erstversorgung sichern sollte.
Und ständig waren alle Kinder auf dem Hofe sehr bemüht, dem kleinen Neuankömmling allerlei Annehmlichkeiten zu bereiten.

Die Milch wurde vor jeder Fütterung sorgsam ange-
wärmt, um die mütterliche Zapfsäule zu simulieren, und
auch Baumwollwindeln kamen zur Anwendung...
So lebte das kleine Häschen viele Stunden im Kreise seiner neuen Lieben, bis eines Tages etwas Schreckliches
passierte:
Wie immer, wenn wir morgens in die Schule mussten,
hatten wir Meister Langohr in der großen Kochküche bei
Opa Max ein muscheliges Tageslager bereitet. Die obligatorische Morgenflasche war bereits verabreicht, und
frohen Mutes eilten wir dem Unterricht entgegen. Wir
konnten zu diesem Zeitpunkt nicht ahnen, dass es das
letzte Mal war, dass wir unser Häschen lebend sahen.

Tante Taudi war beim Backen. Sie rührte einen schönen
Apfelkuchen zusammen, der für uns Kinder nach der
Schule bestimmt war. Schon war die Kuchenform mit
Teig versehen und sollte in den vorgeheizten Ofen einge-
schoben werden, als sie unserer fleißigen Bäckerin unge-
wollt aus der Hand glitt. Dummerweise saß gerade dort,
wo das gut gefüllte Teiggefäß zu Boden ging, unser kleiner Hase! Er hat nicht lang gelitten und war sofort tot.

Als wir nach der Schule freudestrahlend unser elterli-
ches Haus erreichten, sahen alle Erwachsenen mit be-
tretenen Mienen zu Boden. Mama und Papa hätten sicher irgendeine Ausrede erfinden können, doch sie sag-
ten uns die bittere Wahrheit.
„Sie ist eine Mörderin!", fällten wir Kinder in unsagbarem
Schmerz unser erbarmungsloses Urteil und würdigten
Tante Taudi, der alles sicherlich am allermeisten leid tat,
viele Tage keines Blickes...

Auch ein richtiges Wildschwein zählte einst zu unserem erweiterten Familienkreis. Onkel Horst hatte es sozusagen mit bloßen Händen gefangen. Im Walde war Treibjagd, und die rücksichtslosen Jäger hatten eine Wildschweinmama, landläufig auch Bache genannt, mit einem gezielten Schuß erlegt. Drei alleingelassene Wildschweinkinder liefen nun kopflos durch den Wald und hatten sich nach langen Umwegen auf das Grundstück meines Onkels verirrt.

Gleichgesinnte: Zwei kleine Kampfhähne

„Dahinten, guck, dahinten ist auch noch eins!", gebot Cousin Knuth seinem Vater, als dieser schon zwei der kleinen Racker eingefangen und in den nahestehenden Schuppen gesperrt hatte. Und auch das dritte Kleinchen ward gegriffen und gesellte sich zu den Geschwistern. Wir hatten alle große Sachen mit ihnen vor, aber vor allen Dingen wollte Cousin Knuth, daß sie da blieben. Und das taten sie dann auch. Die beiden schwächeren Tierkinder allerdings nicht allzu lange, weil sie den nun stark veränderten Lebensbedingungen letztlich einfach nicht gewachsen waren. Onkel Horst fand sie eines Morgens tot im Stall.

Das dritte jedoch wurde groß und stark, und weil es so gut zu ihm passte, taufte Knuth es auf den Namen „Schnuffi".

Er war es auch, der es möglich machte, dass die ureigentliche Aufgabe eines Schweines bei unserem Schnuffi völlig in den Hintergrund trat, und er stattdessen ein neues Fortbewegungsmittel erfand. Kreuz und quer ritt er auf dem Rücken seines ausgewachsenen Vierbeiners über die große Wiese hinter seinem Elternhaus, und ganze Kindergartengruppen wurden zu diesem Spektakel eingeladen...

Tiere sind sehr sauber. Menschen in der Regel auch. Gerade die Körperpflege spielt bei kleinen Katzen, aber auch bei kleinen Menschen, eine große Rolle.

Unsere ganze Familie hätte bei aller tierischer und vor allem menschlicher Hygiene nie gedacht, dass der Ausdruck „Lausebengel" auch für uns einen Sinn in des Wortes ureigenster Bedeutung bekommen könnte.

Alles hatte an einem schönen Sommernachmittag angefangen. Wir Buben saßen bei Opa Max in der schon so oft erwähnten Küche und spielten Skat. Und wie es sich für einen richtigen Sommertag gehörte, war es sehr sehr warm.

„Andi, es ist so heiß! Habt ihr Durst, wollt ihr eine Brause trinken? Bestimmt, oder? Ich gieß euch ein Glas ein. Aber nicht alles auf einmal trinken, die Flasche stand im

Kühlschrank!", mahnte unsere Tante Taudi und goß jedem ein großes Bierglas voll „Mandora", einer in der damaligen Zeit höchst beliebten Apfelsinenbrause.

„Danke, Taudi!", schlürfte Chrischi und trank mehr als die Hälfte seines Glases in einem einzigen Zug leer. Als er ein zweites Mal ansetzte, musste er seinen männlichen Zug jäh unterbrechen. Er setzte das Getränk auf dem großen Abwaschtisch ab und begann, sich mit beiden Händen am Kopf über den Ohren zu kratzen.

„Mensch Chrischi, du hast Läuse! Piek ist Trumpf!", lästerte Cousin Knuth, der gerade mit dem Piekbuben in Vorhand lag.

„Blödsinn!", schnarchte Chrischi zurück, „wo sollen die denn herkommen? Und außerdem gebe ich Kontra!"

Er spielte seinen Kreuzbuben aus und strich diesen Stich mit Genugtuung ein. Doch kaum hatte er die gewonnenen Karten auf einen Haufen neben seiner rechten Hand gelegt, bewegte sich diese wie ferngesteuert wieder in Richtung Kopf.

„Donnerwetter, was ist denn mit dir los?", wurde ich als nächstverwandter Zwilling auch langsam unruhig. Chrischi kratzte sich die halbe Kopfhaut wund, und auch bei mir begann langsam aber sicher ein ganz unangenehmes Kribbeln, welches mir jegliche Konzentration raubte und mich alle Spiele verlieren ließ.

„Setzt euch mal auf den Stuhl!", befahl Mama Linda abends in strengem Ton. Sie war sich selbst keinerlei Versäumnisse in Bezug auf die Erziehung zur Reinlichkeit ihrer beiden Buben bewusst, und dennoch erschien es ihr ratsam, jegliche Zweifel auszuräumen und uns einer strengen Kontrolle zu unterziehen. Ich war als erster dran, und schon bei mir entdeckte sie viele kleine

Krabbeltierchen, die in meinem Schopfe eine ganze Großstadt inclusive Personennahverkehr errichtet hatten.

Es war ein richtiges Gewimmel, und auch bei Zwilling Chrischi zeigte sich das gleiche Bild!
Tief betroffen sank Mutter in sich zusammen und flüsterte in einer sehr fremden Stimmlage die schicksalsschweren Worte:
„Wo habt ihr euch denn die eingefangen?"
„Weiß ich doch nich!", antwortete ich patzig und war ausgesprochen unglücklich.

Ich und Läuse! Immer hatte ich in der Schule über Mitschüler geschmunzelt, die wegen ähnlicher Probleme mitten in der Stunde nach Hause geschickt wurden. Nun hatte mich das vielbeinige Übel auch eingeholt und bereitete sich mit großer Geschwindigkeit in meinen damals noch sehr dichten Haaren aus.

Mama Linda ergriff drakonische Maßnahmen und gab folgende Weisung heraus:
„Jungs, ihr geht sofort ins Bett! Und damit kein weiterer Schaden entsteht, setzt ihr die roten Zipfelmützen auf, die im oberen Fach des Kleiderschrankes liegen. Habt ihr verstanden?"
Wir waren nicht taub. Völlig am Boden zerstört nestelten wir an den roten Überzügen herum. Es waren feuerrote Pudelmützen mit einem großen Bommel an der Spitze, der sich an einer etwa zwanzig Zentimeter langen Schnur befand. Wir haben sicher sehr komisch ausgesehen, aber es war sowieso schon alles egal.

Obwohl im Hause M. sehr auf Rein- lichkeit geachtet wurde (und Mutter Linda ließ nichts durchgehen!) - Läuse gab es den- noch. Andreas M aus P (links) wurde somit zu einem echten "Lausebengel"

Außerdem verhängte Mutter Linda im Stile einer Staats-krise eine Ausgangssperre für den angebrochenen Abend und den nächstfolgenden Tag, an welchem sämtliche zur Verfügung stehenden chemischen Waffen gegen das uns ereilte Ungeziefer eingesetzt werden sollten.

Früh am nächsten Morgen klingelte es an unserer Tür. Nachbarjunge Stefan wollte uns zum Fußball abholen. Doch unsere Mutter lehnte ab:
„Ne, ne, Stefan. Die müssen heute noch ganz viel ma-chen!", vertröstete sie unseren Freund, vor unserer Haustür stehend, auf den nächsten Tag.

Später hat mir Stefan dann erzählt, dass man in seiner Familie bei der Überbringung dieser Botschaft munkelte, dass dies vielleicht an kleinen Krabbeltierchen läge.
Er selbst hatte, ohne dass wir es wussten, eine ähnliche Tragödie bereits drei Tage zuvor erfahren, und nach Fe-rienende stellte sich heraus, dass die halbe Klasse infi-ziert war. Doch alles wurde mehr oder weniger brutal aus der Welt geschafft, so weit kann die Liebe zum Tier dann doch nicht gehen...

EIN KÖNIGREICH FÜR EIN MOPED

Ein Königreich für ein Moped! Wir hätten als vorpubertäre Stifte alles für eine alte Knatterbüchse Marke „Star" oder „SR2" gegeben.

„Opa Heini hat gesagt, ich darf mit seiner 'Schwalbe' fahren!", protzte Nachbarjunge Stefan eines Tages und zeigte zum Beweis jedem seine ölverschmierten Hände. Vom Grundstück über die Straße hörten wir in den nun folgenden Wochen das summende Geräusch des alten Zweitaktmotors, und uns Zwillingen war klar, dass unsere Mopedlosigkeit einen unhaltbaren Zustand darstellte.

„Mamaaa, kannst du Papa nicht sagen, dass er uns den alten SR2 schenkt? Er hat doch noch den "Star" und den "S50"! Mama, bitte, du kannst doch mit ihm reden! Wenn du mit ihm sprichst, dann macht er das bestimmt."

„Gut Jungs, ich versuche es, aber ihr zieht dafür hinten im Garten in den Gemüsebeeten Unkraut!"

Bereitwillig zeigten wir Mienen des Einverständnisses und machten uns an die Arbeit.

Unsere Mama Linda versuchte uns schon sehr früh daran zu gewöhnen, dass man im Leben nicht nur als Indianer oder mit dem Auto spielen könne und verteilte regelmäßig Pflichtaufgaben.

Diese Erziehungsmethode gipfelte darin, dass sie uns in den Sommerferien jeden Tag einen Zettel hinterließ. Sie selbst war in der Schule und beaufsichtigte die Kinder während der sogenannten Ferienspiele.

Betraten wir nun morgens mit noch halb verschlafenen Augen die elterliche Küche, leuchtete uns schon der Zettel entgegen, auf dem unsere Mutter wie folgt dokumentierte:

Hallo, Ihr Herzchen!
Ich wünsche Euch einen schönen Tag am Strand. Bevor es aber soweit ist, könntet ihr noch folgende Punkte erledigen:
   1. Leere Flaschen abgeben in der Kaufhalle
   2. Abwaschen
   3. Küche und Flur ausfegen
   4. Einen kleinen Eimer Blaubeeren sammeln
       .....
       .....
10. Im Garten zwei Beete vom Unkraut
     befreien

„Na Klasse!", maulte ich, "so wie immer. Da können wir ja den Strand vergessen. So ein Mist!"
„Ach Andi, wir schaffen das schon!", klopfte mir mein um zehn Minuten älterer Zwilling Christian väterlich auf die Schulter und begann, Brause- und Milchflaschen in einen karierten Beutel zu sortieren.

Er war überhaupt immer viel fleißiger als ich. Einmal kam er sogar von selbst darauf, den ganzen Garten zu jäten, und übersah dabei, dass nicht nur Unkraut, sondern auch Bohnen, Mohrrüben und anderes essbares Gemüse aus der Erde lugte. Als Mama und Papa abends nach Hause kamen, war der ganze Garten blitzeblank. Nicht einmal der Ansatz eines Halmes wagte sich mehr aus dem Boden.
So weit, so gut, er hatte es nicht schlecht gemeint und wollte Lorbeeren ernten. Was ich damals aber nicht ver-

Ob hier bei den Zwillingen schon der Wunsch nach einem "echten" Moped entstand?

stand war die Tatsache, dass er für sein erntevernichtendes Werk auch noch gelobt wurde!
Heute weiß ich, dass es pädagogisch richtig war...

Mama Linda hatte es tatsächlich geschafft! Mit feierlicher Miene übergab uns unser Vater anstelle der Papiere eine Patenschaft für sein kleinstes Moped SR 2, volkstümlich auch Essi oder Hühnerschreck genannt.
Unser Stolz kannte keine Grenzen. Wir besaßen ein eigenes Moped und waren gerade acht Jahre alt.
Doch diese voreilige Entscheidung sollte Papa Martin schon sehr bald bereuen. Die Begeisterung für den Motorsport ließ uns nämlich zu Benzindieben werden...

Unser Familienoberhaupt hatte sich nach einem kräftigen Sturm aus Richtung Nord mit dem Moped auf den Weg zum Weststrand gemacht. Nach einer Strecke von etwa acht Kilometern, ungefähr auf Höhe des Müllergrabens, blieb sein Gefährt mit blubberndem Geräusch am Strande stehen. Ein letztes Mal heulte der Motor unter dem verzweifelten Versuch seines Fahrers auf, die Situation zu retten. Dann war alles still, und der KFZ-Führer machte sich daran, den Schaden zu reparieren.

Zuerst wurde der Vergaser kontrolliert, danach die Zündkerze ausgebaut und für funktionstüchtig befunden.

So ging das eine halbe Stunde, und erst jetzt kam der Monteur darauf, doch einmal den Füllstand des Benzintankes zu überprüfen.

„Solche Strolche", knurrte er enttäuscht, als ihm das Vakuum des Tanks entgegengähnte. Innerhalb des Bruchteils einer Sekunde war ihm klar, welchen Grund es für diese Leere gab, und er begann mutterseelenallein am langen Weststrand lauthals zu fluchen:

"Da ist man schon so gut und lässt sie fahren. Und man schenkt ihnen sogar ein eigenes Moped! Und nun das! Ist das eine Frechheit! Da klauen die mir den Treibstoff!"

Die hier nicht näher genannten Jugendlichen Christian und Andreas saßen unterdessen seelenruhig auf ihrem Hühnerschreck und erprobten mit gut gefüllten Spritreserven die sogenannte „Todesbahn" im Darßer Wald.

Erst spät am Nachmittag kehrte Vater Martin nicht fahrend sondernd schiebend zurück. Er musste sich ganz schön gequält haben. Schweißüberströmt keuchte er über den Hof und freute sich, die heimischen Gefilde wieder erreicht zu haben. Und nach anfänglich recht gut

gespielter zorniger Entrüstung blickte er uns beide an und sagte lachend:
"Solche Lausebengel!"

Die langen Küsten unserer Heimat eignen sich hervorragend dazu, die Fertigkeiten des Motorsportes ständig zu verbessern.
„Ja, Chrischi, den Lenker schön geradehalten und immer nach vorn gucken. So, so, und jetzt hochschalten!"
Auf dieses Geheiß meines Vaters schaltete Christian in den dritten Gang des neuen "S50", den es zu beherrschen galt.

Und dann wirklich ein eigenes Moped - ohne Probleme der Benzinbeschaffung...

„Schön ruhig, nicht zu schnell mit den jungen Pferden!", maßregelte der Ältere den Jüngeren, als er hinter ihm wie ein Fahrlehrer auf der Rückbank Platz nahm. Doch die Geschwindigkeit war gar berauschend und ließ Chrischi die mahnenden Worte vergessen.
„Vorsicht, Junge, da kommt eine Wurzel!", hörte er seinen Papa noch schreien. Doch es war zu spät. Mit gewaltiger Wucht blieb die Fußraste des Mopeds hinter einem

am Wellenschlag eingesandeten Baumstubben hängen. Das innerhalb von Zehntelsekunden von 50 km/h auf 0 abgebremste Gefährt bäumte sich auf wie ein Stier beim Rodeo. Sohn Christian war der bessere Reiter und hielt sich mutig im Sattel.

Mit einem lauten „Ooooo" jedoch sah er Papa Martin von der Rückbank aus über seinen Kopf ins Wasser fliegen. Dabei war der versteinerte Gesichtsausdruck des Schwebenden sehr beeindruckend und nett anzuschaun. Wie in Zeitlupe segelte er durch die Luft und landete breitbeinig auf dem Hinterteil in der Nähe der ersten Sandbank.

Ängstlich gelobte der unaufmerksame Sohn, so etwas nie wieder zu tun, und der Co-Pilot ließ die Angelegenheit mit nassen Sachen und Dauerniesen auf sich beruhen.

Die Steigerung eines Mopeds ist der Car-Wagen. Nicht nur deshalb, weil er statt zwei sogar vier Räder vorweisen kann.

Heimlich, still und leise hatte ihn Opa Heini mit Hilfe seiner goldenen Händen zusammengeschraubt, und Nachbarenkel Stefan war mächtig stolz. Und er verhielt sich ausgesprochen kollegial, erlaubte uns als seinen Freunden, auch mit diesem kleinen Rennwagen über den Hof zu fahren. Runde um Runde summten wir gleich einem Bienenschwarm um das Haus, und Stefan war ein guter Teamchef. Doch wir sollten Konkurrenz bekommen!

Ein zweites Team hatte sich gebildet. Die Piloten Mayer/Selinger, von denen letzterer mein Cousin Knuth war, hatten sich in der Schmiede von Papa Heinz ein Gefährt zusammengeschweißt, welches als Herzstück einen Motor des Rollers „Berlin" in sich trug.

„So ein Beschiß!", schimpften wir, nachdem wir das drit-

te Rennen hintereinander verloren hatten. „Wir haben
bloß 'nen Schwalbenmotor, wir machen nicht mehr mit.
Und außerdem wollten wir sowieso nicht gewinnen!"
Der Fuchs und die Trauben...
Wir trollten uns von dannen und fuhren die Rennen als-
bald wieder gegen uns selbst.
Und das waren Rennen!
Einmal war Cousin Thomas mit dabei und lag nach der
dritten Gartenrunde in Führung. Er fühlte sich schon
wie der sichere Sieger und steuerte den SR2 geradewegs
Richtung Ziel.
In der letzten Kurve jedoch verlor er die Gewalt über den
qualmenden Hühnerschreck. Er kam vom rechten Wege
ab, donnerte wie ein Formel 1 – Fahrer über den nun im
Wege stehenden Misthaufen und stürzte jämmerlich.
Der siedend heiße Auspuff brannte sich gleich einer
schönen Tätowierung in seinen linken Unterschenkel
und verbreitete einen unangenehm eigenartigen Geruch.
Doch Thomas biß mutig die Zähne zusammen, und mit
Eis und Vita-Cola hellten wir alsbald sein Gesicht wieder
auf. Vorausgegangen war allerdings die ärztlich-fach-
männische Versorgung seiner äußerst schweren Brand-
verletzungen.

In der Summe aller dieser schönen, zum Teil jedoch
auch recht schmerzhaften Erlebnisse wurden wir zu
pflichtbewussten Kraftfahrern, die den erhöhten Ansprü-
chen auf den kurvenreichen alleenartigen Straßen Vor-
pommerns gewachsen sind. Und das alles nur, weil Mutter Linda ihren Gatten zum Wohle ihrer Jungs überzeugen konnte!

NOT MACHT ERFINDERISCH

Damit eines von Anfang an klargestellt ist:
Wir Kinder haben in unserem trauten Heim, dass man in der Vogelwelt durchaus auch als Nest bezeichnet, nie Not gelitten, höchstens mal ein Nötchen.

Richtige Not haben unsere Großeltern und Eltern in den Jahren der Flucht und Vertreibung nach dem Zweiten Weltkrieg erfahren. Und sie sind trotz all der furchtbaren Erlebnisse, den Schrecken von Gewalt, Hunger und Tod, zu fest verwurzelten Menschen in ihrer neuen Heimat geworden, haben uns auch damit eine gute Grundlage für unser eigenes Leben mit auf den Weg gegeben.

Unser familiäres Nest in Prerow war weich und warm und hatte zur Folge, dass sich bei mir die typischen Symptome von sogenannten „Nesthockern", wie auch aus der Vogelwelt bekannt, herausbildeten. Bei meinem Bruder Christian war und ist diese Eigenschaft nicht ganz so ausgeprägt, und so bezeichneten unsere Eltern uns gerne als Seeadler und Kranich.

Der Seeadler sitzt im Horst bei Mutter und Vater und lässt es sich recht gut gehen. Die Alttiere sind Tag und Nacht bemüht, nur die besten und fettesten Happen für ihre Jungadler zu erjagen, die sich dann auch nur mit starkem Zögern von der heimatlichen Wohnung trennen. Die Kranichjungen sind so wie Bruder Chrischi schon nach kurzer Zeit bereit für den Start ins eigene Leben und entschweben stolz und selbstbewusst dem heimischen Herd.

Ich bin lieber Adler, wenn auch heutzutage ein Adler-
vater, der sich um die neuen Kleinen kümmert.

Aber auch die wirklich kleinen Nötchen lasteten recht
schwer auf unseren schmalen Schultern:
Zum Beispiel hatten wir kein Gewehr!
Winnetou und Old Shatterhand aus Prerow hatten kein
Gewehr. Undenkbar! Heute kann man Wasserpistolen
und Plastegewehre jeglicher Couleur in allen Spielzeug-
läden kaufen, und im Sommer muß man an unserem
breiten Strand aufpassen, dass man nicht durch einen
gezielten Wasserstrahl aus einer dieser Waffen zu Boden
geht. Damals jedoch war eine kleine Kunststoffwin-
chester als Utensil für nachmittägliches Indianerspiel
nur gegen reines Gold aufzuwiegen. Was also tun?
Bruder Christian hatte einen tollen Gedanken, der lo-
gisch klang und sich innerhalb von wenigen Minuten als
äußerst praktikabel erweisen sollte:
„Mensch Andi, holen wir uns doch die Silberbüchsen
einfach daher, wo sie bestimmt ausreichend vorhanden
sind!", sinnierte er, einen Bobon lutschend, vor unserem
Tipi und legte die Friedenspfeife aus der Hand. In aller
Seelenruhe wickelte er den nächsten Bonbon aus, ließ
diesen in seinem Mund verschwinden und beendete seine Ausführungen:
„Wir fahren mit dem Fahrrad zur Armeekaserne. Vielleicht geben die uns was!"
Einfach genial! Einfach nur genial! Warum waren wir
nicht gleich darauf gekommen? Natürlich lag in der
Kaserne die halbe Waffenkammer voll, doch auf diese
scharfen Büchsen hatten wir es gar nicht abgesehen.
„Wir betteln um zwei Holzgewehre, mit denen sie immer
auf der Sturmbahn üben!", schmatzte Chrischi weiter,

und hatte schon wieder einen neuen Drops in der Hand. „So soll es sein, Old Shatterhand, Scharly. Uff!", antwortete ich in fehlerfreiem Karl-May-Jargon und schickte mich an, unsere schwer zu zähmenden Mustangs Marke "Mifa" zu satteln.

Innerhalb von zehn Sekunden hatten wir uns nicht in, vielmehr aber auf die Sättel geschwungen und hasteten dem Kasernentor am Bernsteinweg entgegen.

„Na, was wollt ihr denn hier?", empfing uns der Hausmeister Herr Walter und musterte uns von oben bis unten.

„Seid ihr nicht die Jungs von Martin und Linda?", horchte er uns aus, und wir nickten um die Wette. Unsere eigentlich richtigen Namen Winnetou und Shatterhand brauchte er nicht zu erfahren, das war geheim!

„Ja, und? Was gibt's? Was führt euch zu uns?", stellte er drei satzähnliche kurze Fragen hintereinander, und ich antworte ihm äußerst höflich:

„Guten Tag, Herr Walter! Schöner Tag heute, wir haben schon den ganzen Nachmittag draußen gespielt, und, und..."

„Na was und? Ihr seid doch nicht ohne Grund hier!", antwortete der Angesprochene ungeduldig und gab durch einen flüchtigen Blick auf seine Lederarmbanduhr zu erkennen, dass er nicht ewig Zeit hätte.

„Na, wir hatten gedacht, weil sie doch immer so fleißig sind und sich hier um alles kümmern, und überhaupt, also..."

„Was also? Jungs, nun aber mal raus mit der Sprache. Was wollt ihr hier?"

„Könnten sie uns nicht zwei Gewehre schenken?", brachte ich unter großen Qualen die Sache auf den Punkt und

ergänzte zum besseren Verständnis für den Waffenwart: "Natürlich nur aus Holz! Die Gewehre mein ich, ähhh...!
Betretenes Schweigen. Wir Jungs schulten neugierig in das Gesicht des erhofften Gönners.
Dieser allerdings lugte uns über seine große Brille verwundert an, warf seinen abschätzend ernsten Blick auf unsere schwarzen Hände und begann erst nach einer endlos langen Zeit zu lächeln.
„So, und ihr wollt also Holzgewehre haben, ja? Und was wollt ihr damit. Wozu braucht ihr die?" fragte er mit wieder strenger Miene.
„Na, wir sind doch Winnetou und Shatterhand!", platzte Chrischi heraus und spuckte wütend seinen Bonbon aus, weil er merkte, dass er sich verplappert hatte und unser gut gehütetes Geheimnis im Eifer des waffenlosen Gefechtes verriet.
„Aber das dürfen sie eigentlich gar nicht wissen!", ruderte er zurück, "bitte, sagen sie es nicht weiter, ja?", bat mein Zwilling hilflos, um den just entstandenen Schaden in Grenzen zu halten.
„Großes Indianerehrenwort!", schwor der nun erwachsene Mitwisser und fügte einen Satz hinzu, der unsere Herzen wie beim Stabhochsprung höher hüpfen ließ:
„Kommt morgen Nachmittag um halb fünf wieder her, bis dahin hab ich etwas für euch gefunden!"
Herr Walter schloß das Kasernentor und ging wieder an die Arbeit.
„Danke, danke!", konnten wie ihm gerade noch hinterherschreien, doch er war schon hinter der Hausecke verschwunden.

Wir hatten schlecht geschlafen. Die ganze Nacht wälzten wir uns in unseren Betten hin und her und waren eigentlich gar nicht so sicher, ob unser großer Wunsch denn morgen in Erfüllung gehen sollte.

„Er wird`s bestimmt vergessen!", zweifelte ich in mich hinein, „vielleicht überlegt er sich auch alles anders und schickt uns einfach weg. Vielleicht sagt er auch nur, dass er keine mehr hat!"

„Nö, nö, Andi, das glaub ich nicht! Er sah doch eigentlich ehrlich aus!", war die brüderliche Antwort, und die Zeit bis zum Sonnenaufgang wurde endlos.

Kaum hatte die große alte Standuhr in unserem Flur vier Mal hintereinander geschlagen, machten wir uns auf den Weg, um die versprochenen Holzwaffen abzuholen. Schon nach dem ersten Klingeln am Kasernentor erschien Herr Walter und kam sozusagen zielsicher auf uns zu. Er hatte zwei Holzgewehre auf dem Rücken, die von ihrem Aussehen her mehr einer Kalaschnikow denn einer Westernflinte glichen.

„Na, was sagt ihr?", fragte er strahlend und wollte augenscheinlich gelobt werden.

„Klasse, Herr Walter!", antworteten wir taktisch klug, und wir strichen mit unseren kleinen Kinderhänden, die im Gegensatz zum gestrigen Tage diesmal sauber waren, über die hölzernen Kolben der Sturmgewehratrappen.

„Dürfen wir die bitte haben?", fragten wir sehr freundlich und nahmen, ohne eine Antwort abzuwarten, die Geschenke von den Schultern unseres Mäzens.

„Na, ihr habts aber eilig!", hörten wir im Laufen noch Herrn Walter rufen, doch heute waren wir eher verschwunden als er. Und im Überschwang der Freude über die kostbaren Geschenke tauften wir diese noch auf dem Heimweg auf „Henrystutzen" und „Bärentöter"…

Nachbar Stefan wurde blaß vor Neid, als er unsere Langwaffen erblickte.

„Was ist denn das?", stammelte er einsilbig und forschte mit geschickten Griffen am Magazin meines Henrystutzens.

„Die sehen ja aus wie echt! Wo habt ihr die denn her?", lobte er mit großen und erstaunten Augen.

Aber wir gaben unsere Quelle nicht preis, und auch Chrischi hielt dicht.

„Haben wir besorgt!", taten wir die uns gestellte Frage belanglos ab, und begannen,

Winnetou und Old Shatterhand mit (fast) echten Gewehren...

unsere Indianerzelte aufzubauen.

Doch Stefan ließ sich nicht so einfach abspeisen, und er versuchte ausdauernd, einen Hinweis auf die Herkunft zu erzwingen. Leider ohne Erfolg.

So musste abends sein Opa Heini herhalten: Am nächsten Nachmittag betrat Stefan nämlich triumphierend unser Stammesgebiet und hielt eine ganze Kollektion von Pistolen und Gewehren, die ihm der liebe Großvater sprichwörtlich über Nacht mit der Bandsäge aus einer großen Holzbohle geschnitten hatte, in seinen Armen...

WEIHNACHTSZEIT

Leise sanken die Schneeflocken gleich kleinen Wolken-
fetzen auf die Erde.

Bei völliger Windstille hatten sich große dunkelblaue
Haufenwolken über den Dächern unseres Ortes zusam-
mengeschoben und gaben nun ihren spielenden und
tanzenden Inhalt preis.

Der ganze Darß war eingehüllt von einer großen weißen
Pracht, die überall den Eindruck der Festlichkeit und
Feierlichkeit verströmte. In den Holzfestern standen kleine Tannenbäumchen und natürlich auch die selbstge-
bauten Schwippbögen, Ruhe und Frieden waren in die
sonst recht aufgeweckte Dorfgemeinde eingezogen.

An der Kaufhalle im Zentrum des Ortes war wie in jedem
Jahr der große Tannenbaum aufgebaut, und er zeigte
einem jeden Vorbeifahrenden mit dem Farbenspiel der
Lichterketten: Es ist Weihnachtszeit!

Machmal hatten wir uns im Schummern eine bunte
Glühbirne herausgeschraubt. Zusammen mit dem Star-
ter einer Neonröhre gab sie ein schönes flackerndes Licht
für unsere Kinderdisko...

Doch heute war nicht irgendein Tag in der Weihnachtszeit. Heute war der dritte Advent des Jahres 1973, und
eine Familientradition sollte ihren Lauf nehmen, die ich
so oder ähnlich aus keiner anderen Familie kenne.

Die Dämmerung war der Finsternis gewichen. In der alten Abwaschküche von Opa Max stand die Pyramide auf
dem Tisch und drehte viele kleine hölzerne Engel und
Tiere ausdauernd um sich selbst.

Die Küchenbeleuchtung war erloschen, und der Schatten der rotierenden Pyramidenflügel zeigte sich an der weiß gekalkten Decke wie eine Windmühle im Sturm.

An der linken Seite neben der Tür, dort, wo der alte und schwere gusseiserne Heizkörper stand, war gleich einem Kino eine Reihe von Stühlen aufgebaut, auf denen die fünf Enkelkinder von Oma Erna und Opa Max Platz nehmen sollten.

So ähnlich sah es aus, wenn wir zusammen saßen und voller Spannung der Dinge harrten, die da kommen sollten...

Oma Erna hatte schon lange vorher ihre berühmten Kekse gebakken, die sie immer in großer Menge produzieren musste. Schließlich waren die Schnäbelchen der ihr anvertrauten Enkelkinder ständig weit geöffnet und freuten sich über die leckere Nascherei. Die Kekse selbst gab es mit und ohne Schokoladenüberzug, und ich erinnere mich sehr gut daran, dass wir Kinder uns immer die versüßte Variante herausangelten.

Unterdessen waren alle Enkelkinder eingetroffen. Cousine Ute saß mit Brüderchen Knuth genau wie wir drei Geschwister auf den bereitgestellten Stühlen.

Oma Erna und Tante Traudchen, von uns immer nur „unsere Taudi" genannt, sangen mit uns Weihnachtslieder und lasen Märchen vor. Und wie in jedem Jahr musste unsere Oma unter der Vorgabe eines kleinen menschlichen Bedürfnisses den Raum verlassen...

Wie gebannt schauten zehn leuchtende Kinderaugen auf das südliche Fenster der Küche. Die Dunkelheit draußen war bisher recht anheimelnd gewesen und wurde nun jäh durch das grelle Licht einer eingeschalteten Lampe unterbrochen. Die Strahlen des Scheinwerfers spiegelten sich schillernd auf den Eisblumen der Fensterscheibe, und dann plötzlich passierte es wirklich wieder, *unser* Weihnachtswunder:
Wie von Geisterhand bewegte sich draußen auf dem Fensterbrett ein schwarzer Handschuh, winkte uns Kindern zu und begann damit, viele schöne Spielsachen wie auf einer Modenschau zu präsentieren.
Von links nach rechts und umgedreht wanderten hier Puppen, Pudelmützen, Würfelspiele und Baukästen hin und her, und wir Kinder waren sicher:
Dies konnte nur der Weihnachtsmann sein! Ja, und es war ein äußerst kleiner Weihnachtsmann, weil er sich mächtig recken musste, um die kleine Auswahl seiner hoffentlich für uns gedachten Gaben in das Rampenlicht zu stellen.
Immer war nur eine Hand mit einem schwarzen Handschuh zu sehen. Er stand sicher auf den Zehenspitzen!

Schon begann die Diskussion unter uns Stiften, jeder ordnete die offerierten Überraschungen in seiner ganz speziellen und von Wünschen getragenen Interpretation einem kindlichen Empfänger zu.

„Also ich glaube, das hölzerne Postauto bringt er bestimmt mir!", wagte Christian als Erster, das angespann-
te Schweigen zu unterbrechen.
„Und für mich hat er bestimmt die schöne rote Bluse!",
konterte Ute, und langte gleichzeitig nach einem Scho-
koladenkeks.

Dann war schlagartig das Licht verschwunden, und Oma
Erna betrat mit blauen Lippen und verfrorener Nase den
Raum.
In der Auswahl der zahlreichen Kostbarkeiten hatte ich
mir auch so meine Favoriten zurechtgelegt. Vor allem der
interessante Optikbaukasten hatte es mir angetan, und
ich hielt in den nun folgenden Tagen Zwiesprache mit
dem unsichtbaren und allgegenwärtigen Weihnachtsmann.

Endlich war es soweit. Heiligabend war gekommen, und
in den Wohnzimmern aller jungen Familien blitzten die
festlich geschmückten Weihnachtskiefern, die Onkel
Kurt aus dem Wald mitgebracht hatte.
Mama und Papa hatten wie immer am heiligen Abend
schon am Nachmittag den Kamin angezündet, flackernd
loderten die Flammen und schufen eine kuschlig warme
Atmosphäre. Schlimm war für uns immer, dass gerade
an diesem schönen Tag ein Mittagsschlaf auf dem Pro-
gramm stand, den Mama Linda stets damit rechtfertigte,
dass es heute Abend bestimmt spät würde und wir auch
unseren Schlaf bräuchten.

Die Bescherung im elterlichen Haus war abgeschlossen.
Mit würdevoller Miene hatte uns unsere Mutter die vom
Weihnachtsmann abgegebenen Geschenke überreicht,

und wir Kinder freuten uns mächtig über Flöte, Filzstifte und Indianerburg. Jeder hatte förmlich ein Gedicht aufgesagt, um den lieben alten Weihnachtsmann gnädig zu stimmen. Doch er kam ja immer zweimal, und der Besuch bei Oma und Opa stand noch an.

Die ganze Familie war versammelt. Tante Rita und Onkel Horst waren mit Ute und Knuth ebenso wie wir bei unseren Großeltern eingetroffen.
Hier gab es Hasenbraten und allerlei andere Köstlichkeiten. Wir Kinder schlangen das Essen immer viel zu schnell herunter, um dem Weihnachtsmann zu zeigen, dass wir bereit wären.
Oma Erna trat mit einer alten Glocke vor uns Kinder, läutete diese und rief mit ihrer uns allen so vertrauten Stimme:
„Der Weihnachtsmann war da!"

Die ganze Familie setzte sich nun in Bewegung und ging durch die weit geöffnete Verandatür in den Gastraum der Gaststätte von Opa Max. Alle Tische, an denen sonst die stets zufriedenen Gäste saßen, waren mit bunten Weihnachtsdecken ausgelegt, auf denen die Geschenke lagen, und jedes Enkelkind hatte seinen eigenen Stammplatz.

Freudig lief ich in den Raum hinein und äugte nach den mir zugedachten Gaben. Doch der liebe Weihnachtsmann hatte mich nicht erhört: Der Optikbaukasten stand in stolzer Größe auf dem Tisch von meinem Cousin Knuth, der ihn strahlend ansah...

VOM ZIEGENPETER
UND DREI ANDEREN KRANKHEITEN

„Andi hat Ziegenpeter! Guckt bloß mal, Andi hat Ziegenpeter! Seht mal, wie lustig er aussieht!"
Die Stimme von Schwester Kathrin hallte durch das Haus, brach sich an der Flurtür zur Treppe und schallte gleich einem Echo wieder zurück.
„Andi hat Ziegenpeter! Das müsst ihr alle sehen..."

War das nicht gemein! Ich saß in meinem Bett und hatte fürchterliche Schmerzen. Meine kleinen Wangen sahen aus wie bei einem Hamster, und obendrein hatte Mama mir ein nasses weißes Tuch zum Kühlen unter das Kinn gelegt und über dem Kopf zusammengebunden.
„Andi hat Ziegenpeter!" frotzelte Schwester Kathrin weiter und trat auf meiner frühkindlichen Seele herum.
„Andi hat Ziegenpeter und sieht aus wie ein Zahnschmerzenkind. Hää, hää, hää. Guckt mal alle!"

Kinder können grausam sein. Überhaupt wenn sie ältere Schwestern sind und noch dazu kerngesund.
„Der Schwarze hat Ziegenpeter. Hi, hi, hi!"
Jetzt war es aber genug. Schwester Kathrin war richtig ungerecht und nutzte die Situation meiner vorübergehenden Schwäche, um sich für die vielen erduldeten Repressalien zu revanchieren. Einmal war ich ihr von hinten auf den Rücken gesprungen und hatte mit meinen kleinen starken Fingern in ihren langen Haaren gezogen. Dabei waren meine ungeschnittenen schwarzen Fingernägel auf ihrer Stirn ausgerutscht und hatten diese blutig gekratzt. Die Narben sind noch heute zu sehen.

„Andi hat Ziegenpeter, sieht der aber albern aus!"
Ich schluchzte leise vor mich hin. Das sollte sie wieder-
bekommen. Auge um Auge, Zahn um Zahn.
„Andi hat Ziegenpeter, hää, hää, hää!"

Wir Kinder waren selten krank. Bis auf ein paar mehr
oder weniger kleine Infekte hatten wir kaum körperliche
Gebrechen. Unser Papa meinte immer, dass dies daran
läge, dass wir sehr viel Fisch äßen.
Und dies war in der Tat so, mindestens vier Mal in der
Woche gab es Fisch. Gekocht, gebraten, sauer eingelegt
und auch manchmal nur roh eingesalzen. Als größte De-
likatesse stellte er uns von Zeit zu Zeit sauer eingekoch-
te Fischköpfe auf den Tisch, und meinte stets dabei,
dass die Augen wegen ihres hohen Phosphorgehaltes
ganz besonders bekömmlich wären. Wir haben ihm das
nie geglaubt.

Papa Martin hat natürlich auch selbst geräuchert. Die
Holztonne, die er sich hinter dem Schuppen zusammengezimmert hatte, war mit den Jahren der Räucherei über
und über mit Teer bedeckt.
Viele Hundert Flundern, Aale und natürlich auch Lachse
verließen sein Räucherfaß mit herrlichem Duft sowie in
himmlischen Farben und landeten frisch und selbstver-
ständlich noch warm auf unseren Tellern. All dies und
sicher auch die gesunde Luft an unserer Küste trug dazu
bei, dass wir robust und widerstandfähig wurden.

Doch gegen manche schmerzhafte Krankheit ist kein
Kraut und schon gar kein Fisch gewachsen.
Ungefähr drei Wochen nach unserer Einschulung saßen
Zwilling Christian und ich im Kreise aller ABC-Schützen

im Klassenraum bei unserer Lehrerin Frau Brockmöller.

Wir hatten gerade in der dritten Stunde Deutsch, als ich bemerkte, dass irgendetwas mit meinem Bruder nicht stimmen konnte.

Er saß drei Bänke vor mir und war innerhalb weniger Minuten äußerst blaß geworden. Außerdem drehte er sich immer zu mir um, und ich konnte gut erkennen, dass seine Miene schmerzverzerrt war. Was war nur mit ihm los? Schon wieder wandte er sich zu mir

Am Tage der Einschulung können beide noch lächeln. Doch etwas später..."...und ich konnte gut erkennen, dass sein Gesicht schmerzverzerrt war...."

und verzog das Gesicht, als ob er einen Dolch im Leib hätte. Mir kam das alles äußerst spanisch vor.

„Was ist los?" wisperte ich über die stattliche Entfernung von vier Metern, ohne daß Frau Brockmöller etwas hörte,"was ist los mit dir?"

Chrischi verzog bei diesen meinen Worten sein Gesicht und deutete auf eine bestimmte Körperstelle, die etwas mit der kleinen Notdurft zu tun hatte.

Mir fiel es wie Schuppen von den Augen! Der arme Bengel musste dringend austreten und traute sich nicht zu fragen, ob er gehen dürfe. Die zuvor in der Frühstückspause verkonsumierte Milch drückte gleich einem Mühlstein auf seiner kleinen Blase und setzte ihm augenscheinlich ausgesprochen zu.

„Mensch, sag doch was!", raunte ich erneut über das Gestühl hinweg, und auch diesmal wurde ich nicht erwischt. Doch wieder keine Antwort...

Der Zustand wurde immer bedrohlicher. War das Gesicht meines Bruders gerade noch etwas flau anzuschaun, glich es jetzt einem Kalkeimer. Und er tat mir leid! Mein armer Bruder Christian musste leiden, und mein kleines Herz krampfte sich ganz stark zusammen.

Ich fing leise an zu Schluchzen, und Tränen des Mitempfindens für die sicher sehr gewaltigen Schmerzen meines Zwillings rannen über mein Gesicht.

Das Schluchzen wurde zum lauten Weinen, und Frau Brockmöller sah erstaunt herüber.

„Andreas, sag, was hast du denn. Tut dir etwas weh?", fragte sie mich erstaunt ob meiner plötzlichen Gefühlswallung.

„Nöö", nörgelte ich schniefend zurück, "aber mein Bruder muß pullern!"

„Ja, und was ist daran so schlimm, mein Junge?", bohrte sie weiter.

„Na, er traut sich nicht zu fragen!", heulte ich und vergrub das Gesicht in meinen Händen.

„Was, und das ist alles? Ach Christian, nun geh mal schnell, sonst geht's noch in die Hose!"

Wie ein Pfeil war Chrischi aus der Tür und kam nach drei Minuten mit fröhlichem Lachen zurück.

Und da sage noch einer, dass die zwischenmenschlichen Beziehungen im Eimer sind!

Nur wenige Monate später spielten wir hinter unserem Haus Cowboy und Indianer. Ich war Winnetou und Christian Old Shatterhand, deren Namen wir aus den ausgeborgten zerlesenen Büchern von unserer schon ergrauten Nachbarin kannten.
Ich stand gerade am Marterpfahl und sollte unter unendlichen Qualen sterben, als Cousin Lutz auf dem Nachbargrundstück auftauchte. Er schlich sich wie eine Raubkatze in die Nähe des Zaunes und glaubte allen Ernstes, dass wir ihn nicht erspäht hätten.
„He, Lutzel!", enttäuschte ich ihn lauthals, "kannst ruhig rauskommen, wir haben dich schon lange gesehen."
Der erkannte Feind zeigte sich widerwillig an der Grundstücksgrenze und begann zu stänkern:
„Ihr habt ja gar keine richtigen Gewehre, und das ist auch keine Silberbüchse!", frotzelte er und sollte meinen rein verbalen Gegenangriff zu spüren bekommen.
„Und du weißt nicht einmal, wie Schätterhänd geschrieben wird, du blödes Bleichgesicht!"
Statt Gewehrkugeln flogen in den nächsten Minuten allerlei unflätige und freche Beleidigungen von beiden Seiten über den verrosteten Maschendraht, doch dabei sollte es nicht bleiben.
Ich sah, wie Lutz einen auf der Wiese herumliegenden halben Mauerstein in die Hand nahm und diesen zielgerichtet in meine Richtung schleuderte.
Doch er hatte schlecht gezielt, und der Stein bewegte sich unaufhaltsam nicht auf mich, vielmehr auf die neben mir befindliche Wohnzimmerscheibe meiner Eltern zu.

„Ihr habt ja gar keine richtigen Gewehre, und das ist auch keine Silberbüchse!", frotzelte er ...

„Indianer kennen keinen Schmerz", betete ich in meiner Angst vor dem klirrenden Augenblick, und ohne weiter zu überlegen, hielt ich dem gleich einschlagenden Geschoß meinen Kopf entgegen. Damit rettete ich zwar die Scheibe, ging aber augenblicklich zu Boden.

Warum ich zur Abwehr nicht die Hände nutzte, weiß ich auch jetzt noch nicht zu sagen. Fakt ist aber, dass ich das heile Fensterglas mit einer schweren Gehirnerschütterung erkaufte. Lutz hat sich bis heute nicht so richtig bei mir entschuldigt! Und so sage ich es eben ganz alleine: Gute Besserung, Andi!

Und da wir gerade beim Entschuldigen sind, darf ich auf keinen Fall den Schlüsselbeinbruch meines Bruders vergessen. Wir spielten gerade Fußball auf dem Bolzplatz, als ich meinen brüderlichen Gegner in ausgesprochen rüder Art und Weise rempelte. Er fiel auf die linke Schulter, blieb stöhnend liegen, und ich fuhr ihn an:
„Steh auf, du Schlappschwanz! Das war doch gar nichts! Stell dich bloß nicht so an. Was hast du überhaupt??"
So gefragt wollte Christian, der inzwischen wieder aufgestanden war, mit einem Schulterzucken antworten, doch dies war genau die falsche Bewegung. Mit hörbarem Knacken brach das vorher nur angebrochene Schlüsselbein endgültig durch, und die betroffene Schulter fiel ein Stück herunter.
Christian wurde mit dem Krankenwagen in die Klinik gebracht und gar nicht fachmännisch verarztet.

Der Rucksackverband, der dem Verletzten auf die Schulter gebunden wurde, war unter dem Arm so straff geschnürt, dass er nach wenigen Stunden rohes Fleisch freilegte. Schon beim Anlegen hatte Chrischi mehrfach laut gestöhnt, doch der herzlose Doktor tat seine Schmerzen mit einer abwinkenden Handbewegung ab. Noch heute sind die tiefen Narben dieser Folter an der linken Schulter zu erahnen.

Wenige Wochen später erfuhren wir durch die regionale Ostseezeitung vom Ableben des erwähnten Mediziners.

LISA M PUNKT AUS P PUNKT

Hallo! Ich bin Lisa. Ich bin jetzt schon sieben Jahre alt und gehe in die erste Klasse. Wo? Na hier bei uns in Prerow!
Meine Mama heißt Doris und mein Papa heißt Andi. Ich sag auch immer Mami und Papi zu ihnen.

Papi hat mir von diesem Buch erzählt. Und auch davon, dass er euch berichtet, wie er aufgewachsen ist. So ein kleines bisschen habe ich auch schon drin gelesen. Geht nur noch nicht so gut. Bin ja erst sieben.

Und dann hat er mir vorgelesen. Hätte gar nicht gedacht, dass er so war. So viele Dummheiten gemacht hat. Er verbessert mich immer und sagt mir viele Dinge. Aber ich glaube, dass ich nicht viel anders bin als er. Zumindest als er auch sieben war.

Papa hat gefragt, ob ich euch erzählen möchte, wie ich auf die Welt gekommen bin. Und er sagte, dass sich damit der Kreis schließt.
Welcher Kreis?
Er denkt, dass das Leben ein Kreis ist. Kann das sein? Was meint er damit?

Mama musste lange im Krankenhaus liegen. Sie sagt, dass ich schon viel zu früh auf die Welt wollte. Viele Wochen lag sie in dem Bett. Und Papa ist immer hingefahren und hat uns besucht. Ich konnte ihn damals noch nicht sehen, aber bestimmt hören.

Mama tat alles ganz schön weh. Aber deswegen habe ich mich auch beeilt. Papi hat mich dann gleich nackend auf seine Hose gesetzt, und da hab ich ihm dann draufgemacht. Ganz schwarz sah das aus, sagt er.

Auf jeden Fall kam ich mit dem Kopf zuerst, erzählte Papi. Bei meinem kleinen Bruder Felix war das anders. Der zeigte uns erst seinen Po. Er ist ja auch zur Sonnenfinsternis geboren, als es am Tage dunkel wurde.

Naja, und nun wisst ihr, wie das war.

Aber was meint Papi nur mit diesem Kreis?